Karl Neuhaus

Die lateinischen Vorlagen zu den alt-französischen Adgar'schen Marien-Legenden

Karl Neuhaus

Die lateinischen Vorlagen zu den alt-französischen Adgar'schen Marien-Legenden

ISBN/EAN: 9783743381414

Hergestellt in Europa, USA, Kanada, Australien, Japan

Cover: Foto ©Lupo / pixelio.de

Manufactured and distributed by brebook publishing software
(www.brebook.com)

Karl Neuhaus

Die lateinischen Vorlagen zu den alt-französischen Adgar'schen Marien-Legenden

DIE LATEINISCHEN VORLAGEN ZU DEN ALT-FRANZÖSISCHEN ADGAR'SCHEN MARIEN-LEGENDEN

ZUM ERSTEN MALE GESAMMELT UND HERAUSGEGEBEN

VON

DR. CARL NEUHAUS.

I. HEFT.

IN COMMISSION BEI GEBRÜDER HENNINGER, HEILBRONN.

DIE LATEINISCHEN VORLAGEN

ZU DEN

ALT-FRANZÖSISCHEN

ADGAR'SCHEN MARIEN-LEGENDEN

ZUM ERSTEN MALE

GESAMMELT UND HERAUSGEGEBEN

VON

DR. CARL NEUHAUS.

II. u. III. HEFT.
(SCHLUSS.)

IN COMMISSION BEI GEBR. HENNINGER
HEILBRONN.

DIE LATEINISCHEN VORLAGEN

ZU DEN

ALT-FRANZÖSISCHEN

ADGAR'SCHEN MARIEN-LEGENDEN

ZUM ERSTEN MALE

GESAMMELT UND HERAUSGEGEBEN

VON

DR. CARL NEUHAUS.

I. HEFT.

Druck von H. C. Bestehorn,
Aschersleben.

Dem verdienstvollen Gelehrten

Professor C. A. Buchheim Phil. Doc.
zu London

gewidmet.

Der Zweck dieser Arbeit ist die Herausgabe der hauptsächlichen auf dem Britischen Museum zu London in Hss. befindlichen lateinischen Quellen zu Adgar's altfranzösischen Marien-Legenden, unter vollständigem Abdruck der dort aufbewahrten Hs. Cleopatra C. X. (fol. 100r—143v). Angegeben werden ferner die Parallelstellen aus Adgar's afr. Legenden-Sammlung nach Hs. Egerton 612 des Britischen Museums, sowie aus Hs. Royal 20. B. XIV. ebendaselbst. Die neben den lateinischen Text am Rande abgedruckten Citate verweisen in Bezug auf den Text der Adgar'schen Legenden auf Band IX. der „Altfranzösischen Bibliothek" und der in jenem Bande IX. zu Grunde gelegten Zählung von Vers und Geschichte.

In der **Hs. Cleopatra C. X.** des Britischen Museums finden sich auf fol. 100r—143v. der Reihe nach folgende Legenden und Ueberschriften:

1. Prolog zum Ganzen: Incipit Prologus in textu miraculorum Sanctae dei genitricis et perpetuae uirginis Mariae. fol. 100r.
2. Prolog zu Liber I. der Cleop. C. X. Incipit liber miraculorum Sanctae dei genitricis et perpetuae uirginis Mariae. fol 100v.
3. Vom Judenknaben. Quomodo puerum Judaeorum ab incendio clibani liberauit. . . . . fol. 100v.
4. Theophilus-Legende. Incipit miraculum de Theophilo. fol. 103r.
5. Niederkunft der Frau beim Berge St. Michel in Brittany. De muliercula in periculo maris liberata. . . . fol. 108r.
6. Julianus Apostata. De apostata Juliano interfecto. fol. 109v.
7. Belager. von Chartres. De urbe carnotensi per tunicam S. Mariae protectam. . . . . fol. 111v.
8. Abt Odo von Cluny. De latrone apud Cluniacum conuerso. fol. 112v.

9. Prolog zu Liber II. Cleop. C. X. Ad omnipotentis dei laudem etc. fol. 114v.
   Hildefonsus-Legende. Quomodo uestimentum dedit Hildefonso. fol. 114v.
10. Von der Seele des ertrunknen Mönches. De secretario in flumine merso et resuscitato . . . . fol. 115v.

11. Vom ausserh. des Kirchhofes begrab. Mönche. De clerico extra cimiterium tumulato. . . . . fol. 116v.
12. Vom Anthem des Mönches. Item de quodam clerico. quomodo pro gaudio etc. . . . . fol. 117r.
13. Maria am Krankenbette des Armen. De paupere ad requiem inuitato. . . . . fol. 117v.
14. Vom Diebe Ebbo. De latrone a suspendio liberato fol. 118r.
15. Vom Mönche zu St. Peter in Cöln. Quomodo anima defuncti rediit ad corpus. . . . . fol. 118v.
16. Pilgrim Gerhardus. De quodam peregrino per iudicium s. M. a morte resuscitato. . . . . fol. 119v.
17. Vom unwissenden Mönche. De presbitero qui unam tantummodo missam sciebat. . . . . fol. 120v.
18. Stephanus-Geschichte. De Stephano a poenis Judae traditoris liberato. . . . . fol. 121r.
19. Streit zwischen Engeln und Teufeln. De rustico saluato. fol. 122r.
20. Hubertus-Legende. Quomodo defunctus se liberatum reuelauit. fol. 122v.
21. Hieronymus-Geschichte. Quomodo per uisionem iussit ordinari episcopum. . . . . fol. 123r.
22. Vom Blutwein zu Clusa. De lintheo candidato. . fol. 123v.
23. Der Blitz schlägt in eine Kirche ein. Quomodo ignis non combussit ymaginem eius. . . . . fol. 124v.
24. Vom Mönche zu Pisa. De clerico qui uxorem et omnia sua reliquit. . . . . fol. 124v.
25. Frau Murieldis von Fécamp. Quomodo mulier amissum recuperauit sensum. . . . . fol. 125v.

26. Einl. Liber III. Incipit Liber III. . . . . . fol. 126v. Judenverfo'gung zu Toledo. De cerea ymagine etc. fol. 126v.
27. Maria am Bette des kranken Mönches. Anfang unvollständig. . . . . mater uidelicet etc. . . . . fol. 127r.
28. Vom wunderthätigen Marienbilde. De ecclesia quam apostoli emerunt. . . . . fol. 127v.
29. Vom Marienbilde zu Gethsemane. De quadam ymagine fol. 128r.
30. Vom Juden zu Constantinopel. Quomodo nusquam comparuit etc. . . . . fol. 128v.
31. Vom ertrunknen Mönche. Quomodo clericum a daemonio eripuit. . . . . fol. 129r.
32. Vom Teufel als Ochs, Hund und Löwe. Quomodo a terrore daemonis etc. . . . . fol. 131r.
33. Maria unterrichtet den Priester in d. Horen. Quomodo docuit cantare completorium. . . . . fol. 132v.
34. Heilung des Cancer am Munde des Mönches. Quomodo sacro lacte aegri sanauit ulcera. . . . . fol. 133r.
35. Drei Soldaten tödten den Mann in der Kirche. De praesumptione trium militum etc. . . . . fol. 134v.

36. Eulalia-Legende. Quomodo monuit morosius pronuntiari angelicum ave. . . . . fol. 135 v.
37. Athelstan-Geschichte. De habundantia potus etc. fol. 136 v.
38. Elsinus-Geschichte. Quomodo iussit conceptionem celebrari. fol. 137 v.
39. Dedication des Sonnabends. Quomodo celebranda sint sabbata sanctae Mariae. . . . . fol. 138 v.
40. Leofric-Legende. De quodam monacho. . . . . fol. 141 r.
41. Vision eines Priesters. Quomodo a conspectu presbiteri daemon euanuit. . . . . fol. 142 v.
42. Rhapsodie auf die Erlösung des Theophilus. De Theophilo breuis enarratio. . . . . fol. 143 v. Unvollständig.

Hs. Arundel 346, fol. 60r—73r, des Britischen Museums enthält folgende Legenden:

1. Hildefonsus-Legende. De Hildefonso archiepiscopo. fol. 60 r. 2.
2. Vom ertrunknen Mönche. De monacho submerso. fol. 60 v. 1.
3. Vom ausserh. des Kirchhofes begrab. Mönche. De carnotensi clerico. . . . . fol. 61 r. 1.
4. Vom Anthem des Mönches. De alio clerico. . fol. 61 r. 2.
4a. Maria am Krankenbette. De paupere quodam. (Fehlt im Index auf p. 60 r. 1.) . . . . fol. 61 v. 1.
5. Der Dieb Ebbo. De quodam latrone. . . . . fol. 61 v. 1.
6. Der Mönch zu St. Peter in Cöln. De monacho alio. fol. 61 v. 2.
7. Gerhardus der Pilger. De peregrino Sancti Jacobi. fol. 62 r. 2.
8. Vom unwissenden Priester. De sacerdote. . . fol. 62 v. 2.
9. Stephanus-Legende. De duobus fratribus Stephano et Petro. fol. 62 v. 2.
10. Streit zwisch. Engeln und Teufeln. De quodam laico. fol. 63 v. 1.
11. Hubertus-Legende. De papiensi monacho . . fol. 63 v. 1.
12. Hieronymus-Geschichte. De Jeronimo clerico. . fol. 63 v. 2.
13. Vom Blutwein zu Clusa. De lintheo. . . . . fol. 64 r. 1.
14. Der Blitz schlägt in eine Kirche ein. De incendio ecclesiae. fol. 64 r. 2.
15. Der Mönch zu Pisa. De clerico Sancti Casiani. fol. 64 v. 1.
16. Murieldis-Geschichte. De muliere Mulielde. . . fol. 65 r. 1.
17. Der Judenknabe im Ofen. De puerulo judaeo. fol. 65 r. 2.
18. Drei Soldaten ermorden einen Mann. De uiro interfecto a tribus militibus. . . . . fol. 65 v. 1.
19. Athelstan-Legende. De habundantia potus. . . fol. 66 r. 1.
20. Elsinus-Geschichte. De conceptione Sanctae Mariae fol. 66 v. 1.
21. Judenverfolgung zu Toledo. De cerea imagine. fol. 66 v. 1.
22. Vom „Mal des ardents." De languido ardente. . fol. 67 r. 2.
23. Musa-Geschichte. De puella Musa nomine. . . fol. 67 v. 1.
24. Maria am Krankenbette des Mönches. De quodam infirmo. fol. 67 v. 2.

25. Vom wunderthätigen Marienbilde. De quadam ymagine Sanctae
Mariae. . . . . fol. 68 r. 1.
26. Nur auf dem Titelblatt als XXVI. De alia ymagine aufgeführt. Im Texte fehlend.
27. Vom Cancer am Munde des Mönches. De monacho curato.
fol. 68 r. 2.
28. Vom ausserh. des Kirchhofes begrab. Mönche. De alio mortuo
monacho. . . . . fol. 69 r. 1.
29. Von der unvollendeten Busse der Nonne. De sanctimoniali
saluata. . . . . fol. 70 r. 2.
30. Maria versöhnt 2 eifersüchtige Frauen miteinander. De quodam
adultero. . . . . fol. 71 r. 1.
31. Mönchsgeschichte. De quodam clerico. . . . fol. 71 v. 2.

In der **Hs. Egerton 612** des Britischen Museums zu London finden sich der Reihe nach die folgenden Geschichten vor:

1. Wie der Römische Rechtsgelehrte . fol. 1 r. 1—fol. 2 v. 1.
Stephanus gegen den heil. Laurentius und die heil. Agnes
sündigt. Zusammen 151 Verse. Der Anfang dieser Erzählung
fehlt, da die Hs. am Beginn unvollständig ist. An diese 151
Verse schliessen sich 47 Reihen Prolog zur Legendensammlung
Adgars. . . . . fol. 2 v. 1—fol. 2 v. 2.
Auf diesen Prolog folgt Legende
2. Dem Sakristan Hubertus vom Heilandskloster zu Pavia
erscheint der todte Prior. . . . . fol. 2 v. 2—fol. 4 r. 1.
3. Der Mönch Hieronymus wird auf Geheiss der h. Jungfrau
zum Bischof erhoben. . . . . . . fol. 4 r. 1—fol. 4 v. 2.
4. Vom Blutwein zu Clusa. . . . . . fol. 4 v. 2—fol. 5 v. 1.
5. Vom Judenknaben im Ofen. Von dieser Legende sind nur
29 Zeilen vorhanden, da die Hs. an dieser Stelle wegen
verloren gegangener Blätter unvollständig ist. Sie bricht nach
Zeile 29 auf fol. 5 v. 2 ab. . . . fol. 5 v. 1—fol. 5 v. 2.
6. Von den 23 Kräutern auf dem Felde und den Psalmen.
Auch diese Erzählung ist unvollständig und zwar am Anfang
wegen obiger Lücke in der Hs. . . fol. 6 r. 1—fol. 9 r. 1.
7. Der Eremit und die Engelsmusik in der Nacht der Nativität
der h. Jungfrau. Mit 2 Einl. 38 und 12 Verse.
fol. 9 r. 2—fol. 10 r. 1.
8. Vom lasterhaften Mönche, der in den Bach fällt und ertrinkt.
fol. 10 r. 2—fol. 13 r. 1 (14 V. Einl.)
9. Vom trunknen Mönch und dem Teufel in Gestalt des Ochsen,
Hundes und Löwen. . . . . . fol. 13 r. 1—fol. 14 v. 1.
10. Maria unterrichtet einen Priester in den Horen.
fol. 14 v. 1—fol. 15 r. 2.
11. Von der Stimme über dem Altar zu Toledo.
fol. 15 r. 2—fol. 17 r. 1. (38 V. Einl.)
12. Ein Mann mit dem „mal des ardents" lässt sich den Fuss
amputiren. . . . . fol. 17 r. 1—fol. 18 r. 1.

13. Maria heilt den vercancerten Mund des Mönches mit der Milch ihrer Brust. . . . . . . fol. 18 r. 1—fol. 20 r. 1.
14. Ein junges Mädchen, Musa mit Namen, wird von Maria von dem Tage ihres Todes in Kenntniss gesetzt.
fol. 20 r. 1—fol. 20 v. 1.
15. Maria spendet Trost am Bette des kranken Mönches.
fol. 20 v. 1—fol. 21 r. 1.
16. Tod des Kaisers Julianus Apostata vor Caesarea.
fol. 21 r. 1—fol. 21 v. 2.
17. Theophilus-Legende. fol. 21 v. 2.—fol. 32 v. 2. (18 V. Einl.)
18. St. Bonitus liest der h. Jungfrau eine Messe.
fol. 32 v. 2—fol. 35 r. 1.
19. St. Dunstan's Vision in der Marienkapelle zu St. Augustin in Canterbury. . . . . fol. 35 r. 1—fol. 36 v. 2.
20. Chartres wird durch die Hülfe der h. Jungfrau aus Rollo's Händen gerettet. . . . . fol. 36 v. 2—fol. 37 v. 1.
21. Die h. Jungfrau rettet und heilt Bischof Fulbertus von Chartres mit der Milch ihrer Brust. . . . fol. 37 v. 1—fol. 39 r. 2.
22. Abt Elsinus von St. Augustin wird auf seinem Rückwege von Dänemark nach England vom Sturm überfallen.
fol. 39 r. 2—fol. 41 r. 1.
23. Ein kranker deutscher Mönch wird von Maria am Bette besucht. . . . . fol. 41 r. 1—fol. 44 r. 1.
24. Maria bietet sich dem sterbenden Mönche zu Clugny als Begleiterin zum Himmel an. . . . fol. 44 r. 1—fol. 44 v. 1.
25. Ein sterbender Mönch zu Euesham sieht, wie die Teufel durch Weihwasser vertrieben werden. . fol. 44 v. 1—fol. 44 v. 2.
26. Ein plötzlich sterbender Mönch wird ausserhalb des Kirchhofes begraben. . . . . fol. 45 r. 1—fol. 46 v. 1.
27. Ein Mönch huldigt dem Teufel einer Frau wegen.
fol. 46 v. 1—fol. 50 v. 1.
28. Beichte eines Priesters auf dem Todtenbette.
fol 50 v. 1—fol. 53 v. 1.
29. Verpfändung eines Marienbildes durch den Kaufmann Tierri.
fol. 53 v. 1—fol. 56 v. 2.
30. Vom Bauer in der Kirche im Walde.
fol. 56 v. 2—fol. 59 v. 1 (35 V. Einl.)
31. Leben der Maria Aegyptiaca. . . fol. 59 v. 1—fol. 61 r. 1.
32. Eine Nonne stirbt vor Vollendung ihrer Busse.
fol. 61 r. 1—fol. 63 v. 2 (18 V. Einl.)
33. Die Wein-Vermehrung bei Gelegenheit von Athelstan's Besuch bei der Frau zu Glastonbury. . . fol 63 v. 2—fol 64 v. 2.
34. Maria söhnt 2 eifersüchtige Frauen mit einander aus.
fol. 65 r. 1—fol. 65 r. 2.
35. Verwüstung Ascalon's durch die Sarazenen.
fol. 65 v. 1—fol. 66 r. 1.
36. Rache Gottes an den Juden. . . fol. 66 r. 1—fol. 67 r. 1.
37. Beschmutzung eines Marien-Bildes durch einen Juden.
fol. 67 r. 2—fol. 68 r. 1.

38. Belagerung einer Stadt durch die Heiden.
fol. 68 r. 1—fol. 68 r. 2.
39. Hunger und Pest in Constantinopel. fol. 68 r. 2—fol. 69 r. 2.
40. Von der Nonne, die 7 Jahre lang ausserhalb des Klosters lebt. Die Erzählung enthält 527 Verse. fol. 69 r. 2. — fol 74 v. 2. An sie schliesst sich der Epilog zum ganzen Buche Adgars auf fol. 75 r. 1. Auf diesen Epilog folgt in 2077 Versen die
41. Gregor-Legende, ... fol. 75 r. 2—fol. 96 r. 1. und von fol. 96 r. 1 an die Legende von der
42. Entbindung der Nonne. . . . . fol. 96 r. 1—fol. 98 v. 2. Diese Erzählung enthält 278 Verse. Sie schliesst ziemlich abrupt, da der Dichter zu Ende eilte.

In der **Hs. Royal 20 B. XIV.** des Britischen Museums finden sich der Reihe nach folgende Legenden:

I. Prol. zum Ganzen } Beginnt fol. 102 v. 2. Ke en tele
II. Prol. zu Lib. I. Royal Hs. } chose se delite.

1. Der kleine Judenknabe. Pur ce me otrei a la Marie.
fol. 103 r. 2.
2. Theophilus-Legende. Deu gouerne trestute ren. fol. 105 r. 1.
3. Von der schwangern Frau am M. S. Michel. Ore auez, Seignurs, oi de l'eir. . . . . fol. 108 v. 2.
4. Julianus Apostata. Del fu, de l'eir e de la mer
fol. 109 v. 2.
5. Belagerung von Chartres. De l'incarnaciun Jhesu Crist.
fol. 111 v. 2.
6. Abt Odo von Clugny und der Dieb. Ueez ore, Seingnurs, a moi entendant. . . . . fol. 112 v. 2.
7. Die Engelsmusik Nativität. La duzur del Seignur Jhesu Crist.
fol. 114 r. 2.
8. Beichte des lasterhaften Ritters A nostre Dame fist homage.
fol. 115 r. 1.
9. Kaiserin Helena u. Constantin. A Gloucestre out un conte brutun. . . . . fol. 116 r. 1.
10. St. Thekla u. St. Caecilia. N'i ad homme en ceste uie.
fol. 118 r. 1.
11. Vom ertrunknen Mönche. Deus, ki tut le munde guie.
fol. 118 v. 1.
12. Leben der Maria Aegyptiaca. Ore entendez, pur Deu amur.
fol. 119 r. 2.
13. Entbindung der Aebtissin. Avez tuz la benuree.
fol. 121 v. 2.
14. Eine Nonne lebt 7 Jahre getr. v. Kloster. Onoure soit Deus e sa vertu. . . . . fol. 123 r. 2.

15. Einl. zu Lib. II. Royal 20 B. XIV. Seignurs baruns! Ore eez pes. . . . . fol. 125 r. 2.

16. Hildefonsus-Legende. En la bone cite de Tulette.
 fol. 125 v. 1.
17. Vom ertrunkr.en Mönche und dessen Seele. Un cunte uus conterai de la Marie. . . . . fol. 126 v. 1.
18. Vom Mönche zu Chartres. Blume im Mund. Uus, ki amez la Marie. . . . . fol. 127 v. 1.
19. Vom Mönche u. dessen Anthem. Pur ceo ke cest conte fu bref. . . . . fol. 128 r. 2.
20. Vom Armen, der in's Paradies kommt. As pore gens contrai un conte. . . . . fol. 129 r. 1.
21. Vom Diebe, der 2 Tage am Galgen hängt. Seignurs! Ne uus enuit mie. . . . . fol. 129 v. 1.
22. Vom Mönche zu St. Peter in Cöln. Oez, Seignurs, de la duce mere. . . . . fol. 130 r. 2.
23. Gerhardus, der Pilger. Entendez, Seinurs, ma resun.
 fol. 131 v. 1.
24. Vom Mönche, der nur eine Messe weiss. Ore entendez. Seignurs, amis. . . . . fol. 132 v. 2.
25. Stephanus-Legende. Seignurs! Lessez la noise ester.
 fol. 133 v. 1.
26. Von der Seele des Rusticus. Pur ceo ke de morz comence uus ai. . . . . fol. 135 r. 1.
27. Hubertus-Legende. Le Deble arere e Deus seit auant.
 fol. 135 v. 2.
28. Hieronymus-Legende. Seignurs, baruns! Ore entendez.
 fol. 136 v. 2.
29. Vom Corporale zu Clusa. Uus, ki la Dame amez ades.
 fol. 137 r. 2.
30. Der Blitz schlägt in eine Kirche ein. Ore ne uus enuit il mie.
 fol. 137 v. 2.
31. Der Mönch zu Pisa verlässt sein Weib. Pres de la bone cite de Pise. . . . . fol. 138 v. 1.
32. Frau Murieldis von Fécamp. Un petit cunte uus conterum.
 fol. 139 v. 2.

33. Einl. zu Lib. III. Royal 20 B. XIV. Deu, ki meint en trinite.
 fol. 140 v. 2.
34. Stimme über dem Altar zu Toledo. Il auint a la duce seisun.
 fol. 140 v. 2.
35. Vom Mal des ardents. Pur conforter les meseisez.
 fol. 141 v. 2.
36. Musa-Geschichte. Seignurs! Ne me blamez mie. fol. 142 v. 2.
37. Vom Juden zu Toulouse. Arscune e Espaine sunt pres marchis.
 fol. 143 v. 1.
38. Bonitus-Legende. En Aluerne est une bone cite.
 fol. 145 v. 2.
39. Dunstan-Legende Uus auez oy, Seignurs, retrere.
 fol. 147 r. 1.

40. Fulbert von Chartres. Deus e sa duce mere Marie
 . . . . fol. 148 r. 1.
41. Vom Mönche, den Maria heilt. Cil ne uus turnast tuz a
ennuy. . . . . fol. 148 v. 2.
42. Elsinus-Legende. De la Dame fet bon parler. fol. 149 v. 2.
43. Guimund's Pilgerfahrt. De la mer, ke cunte uus ai.
 . . . . fol. 150 v. 2.
44. Der Teufel als Ochs, Löwe und Hund. Ore fetes pes, si
entendez. . . . . fol. 151 v. 1.
45. Von d. Seele d. deutschen Mönches. En Alemaine, cum nus
lisum. . . . . fol. 152 v. 1.
46. Ein Mönch wird ausserh. d. Kirchh. begrab. Seignurs! Mult
funt a entendre. . . . . fol. 153 v. 2.
47. Die Teufel fliehen vor Weihwasser. De un altre moigne conte
le escrit. . . . . fol. 154 v. 1.
48. Ein Mönch huldigt dem Teufel. Pur ceo ke ceo cunte fu bref.
 . . . . fol. 154 v. 2.
49. Die Beichte des Priesters. Beneit seit nostre Creatur.
 . . . . fol. 156 v. 2.
50. Tierri und Abraham. Ore entendez, Seignurs, amis.
 . . . . fol. 157 v. 1.
51. Der Bauer im Walde zu Bury. Le puis lesser ke ieo ne
uus cunt. . . . . fol. 159 r. 2.
52. Drei Männer morden einen Mann. Eis ke ele seit plein de
pite. fol. 160 r. 2.
53. Unvollendete Busse der Nonne. La seinte mere nus seit aie.
 . . . . fol. 160 v. 2.
54. Athelstan-Legende. Athelstan fu en Engleterre.
 . . . . fol. 161 v. 2.
55. Versöhnung zweier Frauen Jadiz esteit un bacheler.
 . . . . fol. 162 r. 2.
56. Vom Juden, der ein M.-Bild beschimpft. Quant uus cuntai
s'il uus souent. . . . . fol. 162 v. 2.
57. Die Sarazenen verwüsten Ascalon. Antioche a la grant
bataile. . . . . fol. 163 r. 2.
58. Belagerung einer Stadt durch Heiden. Me oi cunter de un
ymage peinte. . . . . fol. 164 r. 1.
59. Häresie Justinian's. Un emperur esteit a Roume
 . . . . fol. 164 v. 1.
60. Die 23 Kräuter auf dem Felde. Entre les oueraines de
charite. . . . . fol. 165 r. 1.
61. Thomas-a-Becket-Legende. Altenskeseint Thomas. fol. 167 r. 2.
62. Vom Raubritter und von seinen Vasallen. De un chiualer
uus uoil cunter. . . . . fol. 169 r. 2.
63. Epistel. Liebe zu Gott. Seint Pol li apostle dist. Schluss
vollst. . . . . fol. 170 r. 2.

Dem Inhalte nach stimmen diese sämmtlichen Legenden in der Weise überein, wie beifolgende Tabelle veranschaulicht:

1. **Prolog** zu Hs. Cleopatra C. X. fol. 100 r.
I. **Prolog** zu Hs. Royal 20 B. XIV. fol. 102 v. 2.

[fol. 100 r.] Incipit prologus in textu miraculorum Sanctae dei genitricis et perpetuae uirginis Mariae.

Scripturi uirtutes et miracula intemeratae uirginis dei genitricis Mariae. priusquam ad materiam accedamus. uultum demissi simplices potius quam doctas aures adhiberi flagitamus. quatinus liceat nobis magis christiano quam ciceroniano ore loqui. et exemplum matris domini cuius prodigia sumpsimus describenda. etiam humili stilo imitari. Si quid uero barbarismis seu soloecismis uitiatum. et reprehensione dignum fuerit inuentum. hinc ueniam mereatur. quod illo amore sanctae dei genitricis Mariae sumus coacti tam egregio operi minus docti insistere. qui omnibus uere Christianis communis et oppido dulcis habetur. Ceterum uidetur praemittendum. quod miracula eiusdem protectricis humani generis. singularem quandam graciam. dulcedinem et admirationem optinent. et quemadmodum ipsa post filium suum dominum nostrum Jesum Christum dominatur in coelo et in terra. sic uirtutes eius in quatuor elementis mundi mirificentissime declarata speciali decore monstrantur. Quae licet quaedam sint praecedentium patrum stilo exarata. tamen quia ita sunt in diuersis codicibus disgregata. ut difficillime uel nullomodo a quibusdam queant [fol. 100 v.] inueniri. iccirco studium fuit disgregata congregare. quatinus facilius possint in unum uolumen redacta reperiri Deprecamur autem ut non nobis ascribatur quod diuersus in nostro opere stilus repperiatur. quum non id egit superbia. sed potius exemplorum inopia. His itaque praemissis. ad laudem beatissimae uirginis et matris domini. eius miracula quam uerissime poterimus seriatim exordiamur. Ac primum Christi iuuante gracia paucis absoluamus. quod in infideli gente Judaeorum eodem modo factum audiuimus. sicuti in sequenti declarabimus. Explicit prologus.

2. **Einleitung** zu Liber I. Cleop. C. X. fol. 100 v.
II. **Prolog** zu Liber I. Royal 20 B. XIV. fol. 103 r. 2.

Incipit liber miraculorum Sanctae dei genitricis et perpetuae uirginis Mariae. Quomodo puerum Judaeorum ab incendio clibani liberauit. Postquam infidelissima gens Judaeorum grauissima mole peccaminum et maxime effusione sanguinis Christi exigente. de qua ad sui damnum ac perniciem constat proclamatum. sanguis eius super nos et super filios nostros. ipsa inquam obstinatissima gens. postquam merito locum et regnum completis tot tantisque facinoribus iuxta *Iupiterum* sententiam perdidit. populus olim deo dilectus. ubique pro suis criminibus diffusus. cunctis gentibus ostentatu -sime ist us. quemadmodum fratricida Cain omni carni insignum en- [fol. 101 r.] datus. Quae enim caro aut quae mens non abhorreat Christum offendere. cerneres populum quondam deo tam dilectum. a cunctis terrarum hominibus electum. nunc pro suis peccatis ita deiectum esse? Ecce enim omnis ciuitas quocunque locorum sita hanc gentem infra se positam sustinet. ubique iudaica perfidia intonat. et cum inter Christianos sit multorum Judaeorum conuersatio. iugiter tamen permanet in mente eorum uere fidei dubitatio. Ac per hoc iustissimum discrimen meruere. quam fide tam specie. et peruerissima operatione.

3. Cleop. C. X. fol. 100 r. 1. **Vom Judenknaben im Ofen.**
17. Arundel 346. fol. 65 r. 2. De puerulo judaeo.
5. Eg. fol. 5 v. 1—5 v. 2 unvollst. Nur 29 Verse erhalten.
1. Royal 20 B. XIV. fol. 103 r. 2—105 r. 1.
Siehe ausserdem Altfr. Bibl. Bd. IX. Einl.

5 Eg. 1.*)
1 R. 15.
5 Eg. 5.

1 R. 31.
5 Eg. 9.

1 R. 43.

1 R. 50.
5 Eg. 13.

1 R. 55.
1 R. 64.

1 R. 74.
5 Eg. 23.

1 R. 83.

1 R. 91.

1 R. 101.

1 R. 111.

Nam cum in ciuitate Bituricensi ut referre solet quidam monachus de Clusa Petrus nomine. qui forte eo tempore in ipsa urbe aderat. ueluti in plerisque cernitur. sinagoga Judaeorum esset. euenit per beatissimam Mariam matrem domini res mira. memoriaque competenti digna. Veniente namque dominicae resurrectionis clarissima die. omnis Christianorum populus laetitia ineffabili exultabat in eadem urbe. Cerneres omnia repleta esse gaudio. tum solenni praeparatione. tum suauissima in domini laudes iubilatione. Complentur fora ciuitatis tripudio. signis sonantibus festinare. currere. singuli alios ad ecclesiam domini hortari. Quis potissimum gauderet. nescires. Itaque cunctis pro more ad ecclesiam Christi festinantibus. quidam infans Judaeorum qui in praefata ciuitate litteris instituebatur. uidens ceteros Christianorum pueros suos uidelicet [fol. 101 v.] coeuos cum populo currere. infantia ductus cum ipsis coepit uelociter pueriles gressus dirigere. Veniensque in ecclesiam. inmaturo sensu dominante. quaecunque uidit alios facere. ipse coepit similiter exsequi. In terram cadere. pectus cum ceteris tundere. exurgens cum puerili admiratione oculorum orbes circumquaque uoluere. Aspicit multa praeclara et insignia. suoque uisui insolita. inter quae crucem et imaginem dulcissimae matris domini Mariae uelamen lucidissimum in capite gestantem. intentissime ostupescens intuctur. Interea missarum celebratio personat clero iubilante. populoque gaudente seriatim perficitur. donec ad agnus dei peruenitur. Tum uero uideres Christianorum populum summa cum reuerentia ad misterium dominici corporis accedere. pectora tundere. lacrimas fundere. sacramentum tam magnificum maxima cum deuotione percipere. Quid moras nectimus? Omnibus sine discretione sexus siue aetatis ad eucharistiam euntibus. iudaicus etiam puer cum reliquis pergit ignorans uel ad quid isset. uel quid suscepisset. Namque uidebatur ipsi puero. praetaxatam imaginem una cum sacerdote miro ordine sibi et omnibus aliis eucha-

*) Siehe Afr. Bibl. IX. p. 18.

ristiae partes distribuere. Dum haec aguntur. parentes ipsius pueri 1 R. 115.
cum maximo maerore et dolore ubique suum infantem quaerunt.
omnes quos inueniunt adeunt. singulos de filio suo sciscitantur.
Finita itaque missa. et christiana concione perite [fol. 102 r.] 1 R. 125.
missa est dimissa. praedictus infans cum aliis domum remeat. Igitur 1 R. 133.
inuentus a parentibus quo isset uel ubi fuisset minando interro-
gantibus. infantili metu perterritus minisque coactus. cuncta per
ordinem puerili sono pandit parentibus. Fit dolor. dentium stridor. 1 R. 151.
undique ira solitos accelerat motus. Casu clibanus nimium suc- 1 R. 161.
census prope ardebat. Itaque pater furia repletus. propriis manibus
filium quem genuerat in medium proiicit incendium. et mox clibani
obstruit aditum. Quod cernens mater amore nati compulsa. maximo 1 R 179.
gemitu et ululatu complet forum. Accurrit populus. concurrunt 1 R. 183.
iudices. cunctos optinet stupor in tam horibili facto. Conclamant
uniuersi. exusti corpusculum quam citius extrahi. Maturant ministri
iussa perficere. Et ecce res mira. ac post rubum a Moyse uisum
paene inaudita. oculis omnium comprobata apparet. Nam cernunt 1 R. 198.
puerum in medio flammarum laetum et alacrem sedentem. et non
modo incolumem uerum de spiris flammarum ludentem supra quam
dici fas sit mirantur. Quo citius abstracto. ordinem tanti miraculi 1 R. 215.
percunctantur. Narratur uoce puerili coram omnibus res gesta. 1 R. 219.
cunctorum luminibus testantibus iam iam credibilis facta. Cum
essem inquit puer in medio ignis insania patris mei proiectus.
statim affuit illa mulier quam in ecclesia Christianorum supra altare
stantem. et communionis particulas nobis porrigentem uidi. et [fol.
102 v.] manica sua super me proiecta. omnino illaesum ab incendio 1 R. 230.
et gaudentem conseruauit. Notum itaque sit uobis omnibus. quod 1 R. 235.
ualde bona et plena misericordiae est illa mulier. Puerili denique 1 R. 238.
oratione sic completa. exoritur maximus clamor totius populi. fit
tumultus gaudio plenus. ingens laetitia lacrimis permixta. Omnes
pariter acclamare. mirari. laudare. piissimam dei genitricem Mariam
praedicare coeperunt. O domina domina inquiunt. O dulcissima 1 R. 243.
et suauissima domina Maria. quam es plena misericordiae. quam
cito subuenis miseris et peccatoribus. quam magnam fiduciam possunt Christiani in te o spes cunctorum habere. Tandem uix tanto 1 R. 250.
represso clamore. agitatur iudicium de infelicissimo Judaeo. quid
de tam crudelissimo patre fieret. Omnibus in commune placuit.
ut in eodem clibano quo proprium filium proiecerat. et ipse proii-
ceretur. Quo facto. et iuxta sui meritum ilico exusto. ueridica 1 R. 256.
uox psalmistae terribiliter completur in ipso: Foderunt foueam et
inciderunt in eam. Et. Veniat illi laqueus quem ignorat. et captio
quam abscondit apprehendat eum. et in laqueum cadat in ipsum.
Post haec baptizantur mater et filius onmisque iudaica familia. et 1 R. 263.
omnes fere Judaei illius ciuitatis ad laudem Christi conuertuntur
ad dominum. Oremus itaque piissimam dominam nostram et om- 1 R. 268.
nium Christianorum dulcissimam matrem Mariam. ut quemadmodum praelibatum puerum ab incendio clibani misericordissime*)

---

*) Das misericordissime ist von anderer Hand eingeschrieben.

[fol. 103 r.] liberauit. sic nos famulos suos in die tremendi examinis a gehennalibus flammis liberare dignetur. per unicum filium suum dominum nostrum Jesum Christum. qui cum patre et spiritu sancto uiuit et regnat in s[aecula] s[aeculorum]. Amen.

4 Cleop. C. X. Theophilus-Legende.
Harl. 3020. fol. 113 r.—108 r. Ohne Ueberschrift.
17 Egerton 612. fol. 21 v. 2—32 v. 2.
2 Royal, 20 B. XIV. fol. 105 r. 1—108 v. 1.

Der mit 17 Egerton (vergl. Afr. Bibl. Bd. IX. p. 81.) genau zusammenfallende Text der Hs. Harl. 3020 fol. 103 r.—108 r., welcher der 17 Eg. näher kommt, als dies 4 Cleop. thut, lautet:

Harl. 3020, fol. 113 r. Actus Theophili qui Christum negauit et recuperauit: II Kal. Martii.

17 E. 19. Factum est autem priusquam incursio fieret in romanam rempublicam exsecrandae[1] Persarum gentis fuisse [fol. 113 v.] in una ciuitate nomine Ciliciorum in[2] secunda regione Per-
2 R. 45.
17 E. 37. sarum quendam uicedominum sanctae dei ecclesiae nomine Theophilum. moribus et conuersationibus praecipuum. qui quiete ac omnimoda[3] moderatione pertinentes ad ecclesiam et ad Christi rationabile ouile optime regebat.[4] ita ut episcopus eius hilaris sobrietate repausaret in eum. et in omnem dispositionem ecclesiae.
2 R. 52.
17 E. 53. seu plebis uniuersae illum constituerat.[5] Unde a maiore usque ad minorem. omnes gracias illi agebant et diligebant eum. Nam orfanis.[6] uiduis. adque[7] egenis prouidentius commoda ministrabat.
2 R. 58.
17 E. 61. Contigit itaque uocante deo. eiusdem ciuitatis episcopum[8] uitam [fol. 114 r.] finire. statimque clerus omnis ac populus uniuersus affectualiter diligentes eundem uicedominum. et industriam illius cognoscentes. communi consilio decreuerunt eum creari[9] episcopum. et celebratum decreti mox ad metropolitanum direxerunt epis-
17 E. 77. copum. Quo suscepto uirique conpertis uirtutibus annuit[10] petentibus effectum. et dirigens ad promouendum episcopum praeno-
17 E. 86. minatum. accersiri praecepit[11] uicedomium. Et prius quidem susceptis metropolitani episcopi[12] litteris ambulare distulit. rogans omnes ne eum compellerent fieri episcopum. sed sufficere sibi esse uicedominum. asserens et contestans indignum se esse tanti honoris
17 E. 99. officio. Sed imminente populo. brachio sublatus ductus [fol. 114 v.] est ad metropolitanum episcopum. et sustentus[13] cum populorum[14]
2 R. 76.
17 E. 104. gaudio sacrari uel ordinari illum optabant.[15] At ille pauimento prostratus. conprehensis pedibus episcopi praecabatur. nihil in se tale exerceri. inmeritum se omnino episcopatus gradu. proclamans
17 E. 111. et praecauere bene non se posse peccata. Cumque diu haereret pauimento. et pedibus prouolueretur episcopi. tractandi secum
17 E. 117. trium dierum accepit spatium. Post diem autem tertium uocatum eum ad se cepit commonere episcopus. et eius conlaudare solertiam.[16]

At ille nihilominus¹⁷ tantae sedis ascendere gradum se esse acclamabat indignum. Uidens itaque episcopus tantam eius in obstinatione [fol. 115 r] constantiam. et quod omnino adquiescere nollet. spreuit¹⁸ eum atque alterum promouit. dignum ciusdem ecclesiae peragendum episcopatus officium. Porro ordinato episcopo. cum ad propriam remeassent ciuitatem. quidam de¹⁹ clero instigauerunt. ut amoto illo alium ecclesiae ordinaret uicedominum. Quo facto. suae tantum domus is qui a priori recesserat officio. agebat curam. Igitur callidus hostis et humani generis inuidus inimicus. eundem uirum modestum degere ac bonis conuersari actibus conspiciens. prauis cogitationibus cor illius coepit pulsare. Inmittens illi uicedomino²⁰ zelum et ambitionis emulationem. conuertitque [fol. 115 v.] illum ad abhominanda²¹ haec et iniqua consilia. quibus non diuinam sed humanam desideraret gloriam. et uanam ac transitoriam magis quam coelestem appeteret dignitatem. in tantum ut²² etiam maleficorum postularet auxilia.

Erat denique in eadem ciuitate Hebraeus quidam nefandissimus. et omnino diabolicae²³ artis operator. qui iam multos infidelitatis argumento²⁴ in foueam perditionis inmerserat barathro. Quippe inanis gloriae accensus²⁵ uicedominus incurrit miserrimus in ruminationem indigestae cupiditatis saeculi huius. et urebatur ambitionis desiderio [fol. 116. r.] Unde festinus pergit noctu ad praefatum Hebraeum. pulsansque ianuam aditum praecabatur. Uidens igitur eum deo odibilis ille Hebraeus ita contritum. uocauit intra domum et dixit ei: Cuius rei causa ad me uenisti? At ille corruens prouolutus pedibus eius dicebat: Quaeso te adiuua me. quum episcopus meus obprobrium in me exercuit. et hoc operatus est in me. Respondit ei exsecrabilis ille Hebraeus: Crastina nocte²⁶ hora ista ueni ad me. et duco te ad patronum meum. et subueniet tibi in quo uolueris. Ille autem haec audiens gratulatius²⁷ fecit ita. medioque noctis uenit ad eum. [fol. 116 v.] Nefandus uero Hebraeus duxit illum ad circum ciuitatis. et dixit ei: Quodcunque uideris. aut qualecumque²⁸ audieris sonum ne terrearis. nec signum crucis tibi facias. Illo autem spondente.²⁹ subito ostendit ei albas phalanges³⁰ cum multitudine candelabrorum clamantes. et in medio principem sedentem. erat enim diabolus et ministri eius. Tenens autem infelix ille Judaeus manum uicedomini. duxit eum ad flagitiosum illud concilium Et ait ad eum diabolus: Quid nobis hunc hominem adduxisti? Respondit: Ab episcopo suo praeiudicatum. uestrumque adiutorium [fol. 117 r.] postulantem domine mi perduxi eum.³¹ Dixit autem ille: Quale adiutorium illi dabo homini seruienti deo suo? Sed si meus famulus esse cupit. et inter nostros milites reputari. ego illi subuenio. ita ut plus quam prius facere possit. et imperare omnibus. etiam episcopo. Conuersus Hebraeus dicit illi misero uicedomino: Audisti quid tibi dixit? Respondit: Audiui. et quaecunque dixerit mihi faciam. tantum subueniat mihi. Et cepit osculari pedes illius principis. et rogare eum. Dicit diabolus illi Hebraeo: Abneget filium Mariae et ipsam. quia odio sunt mihi. Faciatque in scriptis. quia abneget³² per omnia. et quaecunque uoluerit impetrahit a me. tantum abneget. [fol. 117 v.] Tunc introiuit in uicedominum illum³³ Satanas. et respondit: Abnego Christum et eius genitricem faciensque cirographum imposita cera. Signauit anulo proprio. et abscesserunt utrique cum nimio perditionis suae gaudio. In crastinum autem diuina reor prouidentia motus episcopus. cum omni honore reuocato exsuccesso uicedomino. turpiter quem ipse promouerat electo priore³⁴ constituit uicedominum. Praebuitque coram omni clero et populo auctoritatem dispensationis³⁵ sanctae ecclesiae. atque possessionum ei pertinentium cunctaeque plebis. ac duplo tantum quam antea fuerat praepositus.³⁶ denuo honore est sublimatus. ita ut peccasse se clamaret episcopus. quod tam idoneam et perfectam personam deiiceret. [fol. 118 r.] et promoueret inutilem illum et minus idoneum. Etiam ordinatus cepit disponere et eleuare super omnes isdem uicedominus. omnibus metu³⁷ et tremore obedientibus ei. et ministrantibus paruum tempus. Execrabilis uero ille Hebraeus. frequenter pergebat oculte aput uicedominum. et dicebat ei: Uidisti quemadmodum beneficium et celere remedium ex me et patrono meo. in quibus deprecatus es inuenisti? At ille: Confiteor et omnino gracias ago concursioni uostrae. Et cum paruum tempus in tali iactantia et abnegationis suae fouea commoraretur. creator omnium ac redemtor noster deus qui mortem peccatorum non uult. sed conuersionem ut³⁸ uiuant. recordatus priorem eius con- [fol. 118 v.] uersationem. et in quibus sanctae dei ministrauerat ecclesiae. quod uiduis. orfanis.³⁹ et egenis optime ministrauerat. non despexit⁴⁰ orationem suam. sed dedit ei conuersionem penitentiae. Et in se reuersus de tanta elatione atque abnegatione. sobrietate recepta cepit humiliare proprios sensus et adfligi in his quae gesserat. ieiuniis et orationibus et uigiliis uacans. multaque in mente conferens. et se fraudatum salute conspiciens aeterna⁴¹ incendia[?] cruciatus. et animae migrationem atque inextinguibilem flammam considerans. stridorem dentium et uermem non morientem. Horum omnium proponens sibi timorem. conterritus [fol. 119 r.] cum gemitu et amaris lacrimis dixit: O miserrimus ego. ecce⁴² quid feci. et quid operatus sum. Quo iam pergam cumulatus luxuriis. ut saluam faciam animam meam? Ubi uadam infelix ego peccator. qui negaui Christum meum et sanctam eius genitricem. et feci me seruum diaboli per nefandae cautionis cyrographum? Quis putas hominum poterit illam*) abstrahere de manu uastatoris diaboli et adiuuare me? Quae mihi fuit necessitas cognoscere nefandum illum et conburendum Hebraeum? erat enim ante paululum Hebraeus ille a lege et iudice condempnatus. Quid enim? Sic [fol. 119 v.] honorantur qui deum et dominum derelinquentes occurrunt⁴³ diabolo. Quid mihi fuit temporale commodum et superciliositas uani huius saeculi? Uae mihi misero peccatori et luxurioso. quomodo subplantatus sum? uae mihi misero. quomodo⁴⁴ lucem perdidi et iui in tenebras? bene eram quando a dispensatione successus sum. Quid desideraui propter uanam gloriam

---

*) Darüber steht von anderer Hand s. animam.

et uacuam opinionem. tradere miseram animam meam in gehennam? Quale petam auxilium qui auxilio fraudatus sum a diabolo?¹⁵ ego huius rei⁴⁶ noxius. ego perditionis animae meae auctor sum. ego proditor salutis meae. Uae mihi. qualiter sum raptus ignoro. Uae mihi. quid faciam? apud [fol. 120 r.] quem ibo? quid respondeam in die iudicii quando omnia nuda et exeruicata parebunt? Quid dicam in illa hora quando iusti coronantur. ego autem condempnabor? Aut quali fiducia adstabo regali illo tribunali et terribili? Quem postulem. quem rogem in illa tribulatione? aut quem deprecer in necessitate illa. quando omnes sua. et non alia tractauerint? Quis mihi miserebitur? Quis mihi subueniet?⁴⁷ Quis me protegit? Quis patrocinetur? Vere nullus. ibi nullus adiuuat. sed omnes pro se reddunt rationem. Uae miserae animae meae. Quomodo⁴⁸ captiuata es? quomodo demolita es?⁴⁹ quomodo alienata es et labe- [fol. 120 v.] facta? Quale⁵⁰ corruisti ruina? Quali⁵¹ dimersa naufragio? Quali coeno conuoluta es? ad qualem iam confugias portum? ad quale concurras remedium? Uae mihi misero. qui subplantatus⁵² et in barathro demersus⁵³ surgere nequeo. Cumque diu intra ce concionaretur cum anima et haec semina salutis in eius corde consererentur. solus pius et misericors deus. qui propriam non despicit creaturam sed suscipit. tali eum sensu circumsedens. ait uicedominus: Licet sciam dei filium natum de sancta et immaculata semper uirgine genitrice Maria dominum nostrum.⁵⁴ et ipsam per illum quem male cognoui Hebraeum negaueram.⁵⁵ tamen ibo ad [fol. 121 r.] eandem matrem domini sanctam gloriosam et lucidam. et ipsam solam interpellabo ex toto corde et anima mea. faciamque orationes et ieiunia in uenerabili eius sine cessatione templo. donec per eam inueniam in die iudicii misericordiam. Et iterum agebat:⁵⁶ Sed qualibus labiis deprecari praesumam benignitatem eius ignoro. scio enim quia transgressus sum eam. Aut quale exordium confessionis meae faciam? quali corde qualiue conscientia confitens impiam linguam. et polluta labia mouere temptabo? quibus primum peccatis remissionem petam?⁵⁷ Miser ego etsi temerarius hoc agere praesumsero. ignis de [fol 121 v.] coelo descendens conburet me. Quia iam non feret mundus mala quae gessi miserrimus. Uae misera anima. surge de tenebris quae te comprehenderunt. Procidens et interpellans⁵⁸ genitricem domini nostri Jesu Christi. quia uere potens est huic creaturae inponere sanationes.⁵⁹ Et haec secum cogitans animatus fortiter. relictis laboriosis huius saeculi offendiculis. cum omni studio promptaque uoluntate procidens coram sancto et uenerabili templo inmaculatae et gloriosae semper uirginis Mariae. petitiones atque postulationes die noctuque incessabiliter offerens.⁶⁰ ieiuniis et uigiliis peruacans⁶¹ ut anoxa*) receptus [fol. 122 r.] redimeretur. et ut a pernicioso subplantatore et maligno dracone. et ab illo⁶²[?] quam gesserat abnegatione eriperetur. faciensque quadraginta diebus cum noctibus ieiuniis et orationibus deprecando protectionem nostram matrem domini saluatoris. Post

17 E. 388.
17 E. 394.
17 E. 400.
17 E. 404.
17 E. 413.
17 E. 420.
17 E. 429.
17 E. 433.
17 E. 445.
17 E. 452.
17 E. 461.
17 E. 467.
17 E. 476.
17 E. 480.
17 E. 484.
2 R. 321.
17 E. 492.
17 E. 505.
17 E. 514.

---

*) Ueber anoxa ist eingetragen: culpa.

expletionem uero dierum. medio⁶³ noctis apparuit manifeste uniuersale auxilium. et parata protectio uigilantium ad eam. Christianorum uero confugium ad se concurrentium. errantium uia. et redemptio captiuorum. tenebrosis lumen uerissimum. afflictorum confugium. et tribulantium consolamen. domina nostra. et uera mater Christi dicens ei: Quid sic o homo permanes temere et fastidiose postulans. ut te adiuuem [fol. 122 v] hominem qui abnegasti filium meum saluatorem mundi et me? Aut quomodo⁶⁴ possum postulare eum remittere tibi mala quae gessisti? Quibus oculis aspiciam in uultum illum misericordissimum filii mei quem tu negasti et praesumam eum rogare pro te? Quali fiducia possim postulare eum. cum tu apostataueris ab eo? Quoue modo adstabo tribunali illo terribili et praesumam aperire os meum et petere clementissimam illius bonitatem? Non enim patior uidere filium meum derogari iniuriis. Esto o homo fortis in fide. ea quae in me peregisti peccata.⁶⁵ possunt aliquam habere indulgentiam. eo quod ita diligam genus Christianorum. et maxime eos qui recta [fol. 123 r.] fide et pura conscientia currunt ad templum meum. His modis omnibus annuo et concurro.⁶⁶ et ulnis meis foueo. et uisceribus circumplector. filii autem mei exacerbationem nec audire patior nec uidere. quia multa certamina et labores. cordisque contritiones agunt. ut eius possit homo excipere benignitatem. Valde enim misericors et nimis iustus. et pius existit iudex. Vir autem ille respondens dicit ei: Etiam domina mi semper benedicta. etiam domina protectio generis humani. etiam domina⁶⁷ portus et susceptio ad te confugientium. scio domina scio. quia ualde peccaui in te. et in eum qui ex te natus est. dominum nostrum. [fol. 123 v.] et non sum dignus misericordiam impetrare. sed habens exemplum ab his qui ante peccauerunt in filium tuum dominum nostrum. et meruerunt per poenitentiam⁶⁸ indulgentiam peccatorum de quibus commiserant. et ideo accedere praesumo. Nisi enim fuisset poenitentia. quomodo Niniuetae saluati fuissent? nisi esset poenitentia. Raab meretrix non saluaretur. nisi esset poenitentia. quomodo Dauid post prophetiae donum. post regnum et dominicum testimonium. in barathrum fornicationis et homicidii cadens. poenitentiam⁶⁹ uerbo ostendens. non solum indulgentiam tantorum meruit peccatorum. sed etiam denuo prophetiae donum accepit? Si non fuisset poenitentia. quomodo [fol. 124 r.] beatus Petrus apostolorum⁷⁰ princeps primus discipulorum. columna ecclesiae. qui claues regni coelorum a deo suscipiens. Christum dominum non semel aut bis sed ter negans. postea duriter lugendo. et indulgentiam tanti delicti meruit et maiorem honorem adeptus. pastor constitutus est dominici et rationalis ouilis? Si non esset poenitentia. quomodo beatus Paulus a persecutore uas electionis effectus esset? Si non esset poenitentia. quomodo⁷¹ illum qui apud Corinthios fornicauerat. suscipere iussit apostolus dicens: ne calumniemur a Satana? Si non esset poenitentia. quomodo ille qui tanta perpetrauerat mala Ciprianus. qui etiam in utero habentes incidebat. et totis flagitiis indue[fol. 124 v.] batur. uehementius confortatus ascam Justina ad

poenitentiam conuolans. non solum tantorum malorum remissionem 17 E. 638.
accepit. sed et martyrii coronam consecutus est? unde⁷² et ego 17 E. 642.
peccator tantorum confitens indicio.⁷³ accedo postulans benignam
misericordiam tuam. ut dextram mihi protectionis tuae⁷⁴ inpendere.
et indulgentiam peccatorum largiri digneris. per filium tuum dominum nostrum Jesum Christum. in quem ego miser peccaui. 17 E. 653.
Haec denique illo uicedomino⁷⁵ profitente. sanctae et uenerabili 17 E. 659.
dominae nostrae dei genitrici. soli castae. soli sanctae. anima et
corpore benedictae. quae sola habet facundiam⁷⁶ apud eum quem
genuit [fol. 125 r.] Christum. quae⁷⁷ est tribulantium consolatio.
afflictorum compassio.⁷⁸ nudorum uestimentum. senectutis baculum.
concurrentium ad eam protectio ualida. quae sanctis uisceribus
cunctos circumfouet Christianos dicit ei: Confitere mihi o homo. 17 E. 672.
quia quem ego peperi filium. et tu abnegasti est Christus filius
dei uiui. qui uenturus est iudicare uiuos et mortuos. et ego rogabo
pro te et suscipiet te. Et respondit ille uicedominus: Et quomodo 17 E. 679.
praesumam⁷⁹ domina mi semper benedicta. ego infelix et indignus
qui sordidum et pollutum habens os. qui abnegaui filium tuum
dominum nostrum Jesum Christum. et subplantatus sum⁸⁰ uanis
desideriis saeculi huius. non⁸¹ solum autem sed et hoc quod
habebam⁸² [fol. 125 v.] ad remedium animae meae uenerandam dico
crucem. et sanctum baptismum quod accepi pollui. per inscriptae 17 E. 694.
amarissimae abnegationis cirographum. Dicitque ei sancta et inma- 2 R. 375.
culata dei genitrix uirgo Maria: tu⁸³ tantum accede. et confitere illum. 17 E. 697.
misericors enim est. et suscipiet lacrimas penitentiae tuae. et eorum
qui puriter et sinceriter accedunt ad eum.⁸⁴ Propterea enim deus 17 E. 705.
existens carnem ex me accipere dignatus est. non infamata dei-
tatis eius substantia. ut saluum faceret genus humanum. Tunc
beatus ille uir cum reuerentia. et conpetenti utilitate submisso
uultu ululatu⁸⁵ confessus est. et dixit: Credo. adoro. et glorifico 17 E. 713.
unum de sancta trinitate dominum [fol. 126 r.] nostrum Jesum
Christum filium dei uiui. ante saecula patre⁸⁶ ineffabiliter natum.
nouissimis autem diebus descendentem de coelo et incarnatum.
deum uerum de spiritu sancto. et ex sancta et inmaculata uirgine 17 E. 722.
Maria. et processit ad salutem generis humani. ipsum⁸⁷ confiteor
esse perfectum deum et perfectum hominem. qui propter nos peccatores pati dignatus est. et inspui. a lapisque cedi. et super uiui-
ficabile lignum manus extendit. sicut pastor bonus ponens animam
suam pro nobis peccatoribus. sepultusque⁸⁸ est. et resurrexit. et 17 E. 730.
ascendit in coelum cum carne. quam ex te casta suscepit. uentu-
rusque⁸⁹ cum sancta gloria sua. iudicare uiuos et mortuos. et reddere
unicuique secundum opera sua. non accus atore egente.⁹⁰ sed [fol.
126 v.] ex ipsis incorrectis⁹¹ operibus conscientia accussante nos.
atque quale⁹² uniuscuiusque opus sit igne examinante. Haec con- 17 E. 740.
fiteor animo. corde et corpore colo. adoro. et amplector. et⁹³ cum
haec⁹⁴ mea precatoria cautione toto mentis adnisu habita. offer me 17 E. 743.
sancta et inmaculata uirgo dei genitrix filio tuo domino nostro.
et ne abhomineris neque despicias⁹⁵ precationem⁹⁶ peccatoris qui
raptus. subplantatus. et deceptus sum. sed libera me ab iniquitatibus 17 E. 752.

quae[97] me conprehenderunt. et a procella turbinis quae me possidet. qui denudatus[98] sum a gracia spiritus sancti. Et cum haec dixisset. tamquam aliquam ab eo satisfactionem suscipiens santa dei genitrix. spes et obstaculum generis Christianorum. [fol. 127 r.] redemptio errantium. et uera uia consurgentium[99] ad eam. fons fluctuantium. quae intercedit pro peccatoribus. refrigerium pauperum. consolatio pusillanimorum. mediatrix dei ad homines. dicit ei: Ecce ego propter baptismum quod accepisti per filium meum Jesum Christum dominum et deum nostrum. et propter nimiam conpassionem quam circa uos Christianos habeo credens tibi. accedo et rogo illum pro te prouoluta pedibus eius. quatinus te suscipiat. Et cum ista uisio apparuisset. et dies factus fuisset. abscessit ab eo inmaculata dei genitrix uirgo. et post triduum amplius uicedominus postulans et enixius faciem in terra percutiens. in eodem uenerabili templo sine cibo perma- [fol. 127 v.] nens. lacrimisque locum infundens non recedebat. respiciens[100] ad clarum lumen et ineffabilem uultum gloriosae dominae dei genitricis Mariae. ab ea spem salutis suae praestolabatur. Unde rursum[101] sola protectio uera. sola consolatio ad se confugientium. sola clarifera nebula. quae nutrita est in sancta sanctorum. apparuit hilari uultu. et lacteis[102] oculis ac mansueta uoce dicens ei: Homo dei. sufficiens est poenitentia tua quam ostendisti saluatori omnium et creatori deo. suscepit enim dominus lacrimas tuas. et petitionibus tuis annuit propter me. Siquidem et tu[103] haec obseruaberis[104] in corde tuo Christo filio dei uiui. usque ad diem obitus tui. At ille respondens ait:[105] Etiam domina mi ob- [fol. 128 r.] seruabo et non practeream sermones tuos. quia te habeo post deum protectionem et patrocinium. et in tuo adiutorio confidens. non obmittam quae promisi et confessus sum. Scio enim scio. quia alia protectio hominibus non est. nisi tu semper benedicta. Quis enim domina mi inmaculata uirgo sperauit in te et confusus est? Aut quis hominum precatus est omnipotentiam adiutorii[106] tui et derelictus est? Unde et ego rogo peccator et luxuriosus. perennem[107] fontem benignitatis tuae. uiscera misericordiae mihi inpendere erraneo[108] et decepto. qui in profundo coeni demersus[109] sum. et iube ut recipere possim execrabilem illam abnegationis cartulam atque nefandam [fol. 128 v.] cautionem. signatam ab illo qui decepit diabolo. quia hoc est quod omnino titillat miserrimam animam meam. Iterum ergo ualde lugens nimiumque deflens praedictus uir atque postulans omnium unicam spem. et salutem animarum nostrarum. sanctam et semper uirginem Mariam.[110] Post tres uero alteros dies.[111] tamquam in uisione exibuit[112] ei et cartulam cautionis habens sigillum de cera. sicut dederat illam. hoc est apostaticam cautionem. et de somno surgens inuenit cartulam supra pectus suum praenominatus uicedominus. et laetus effectus contremuit. ita ut etiam iuncturae omnium renum eius re- [fol. 129 r.] soluerentur.[113] In crastinum uero cum esset dominicus dies. pergens in sanctam catholicam ecclesiam. post lectionem sancti euangelii. iactauit se subtus pedes sanctissimi episcopi. et suptiliter omnia ei narrauit[114] quae gesta sunt. per execrabilem et perniciosum Hebraeum ac maleficum. et suam elationem. atque negationem. et cirographi conscriptionem propter inanem gloriam saeculi huius. Deinde confessionem suam ad deum et 17 E. 886. dominum nostrum Jesum Christum. et poenitentiam. per inmaculatam et indeficientem fontem intemeratae dei genitricis. per quam et cirographum pessimae abnegationis recepit. et[115] porrigens illud 2 R. 435. sanctissimo episcopo. signatum tradidit in manu eius. Omnes uero 2 R. 465. ad- [fol. 129 v.] mirati sunt[116] clerici. simul et laici. mulieres et 17 E. 904. infantes. postulauitque[117] ut palam coram omnibus legeretur iniquissimum illud. et horribile cirographum. Cognouitque omnis populus 17 E. 906. quae ei contigerant. et qualiter ei reddita fuerat cartula negationis. unde et clamabat episcopus ac dicebat: Uenite omnes fideles. glori- 17 E. 916. ficemus uerum dominum nostrum. Uenite omnes. uidete stupenda miracula. Uenite Christo dilecti. et uidete illum qui non uult mortem peccatoris. sed conuersionem et uitam aeternam. Uenite 2 R. 475. uenite. uidete lacrimas abluentes peccata.[118] Uenite carissimi[119] uidete 17 E. 924. lacrimas delentes uulnera iniquarum actionum. et candidiorem niue animam [fol. 130 r.] demonstrantes. Uenite uenite. uidete lacrimas 17 E. 932. conuolare. portantes animam ad dominum.[120] Uenite Christiani omnes. considerate lacrimas iram dei mouentes.[121] Uenite. conspicite quantum ualet gemitus animae. et cordis contritio.[122] Quis non miretur. 17 E. 941. fratres mei. ineffabilem patientiam dei? Quis non stupeat inenarrabilem conpassionem et caritatem dei erga nos peccatores? Qua- 17 E. 949. draginta diebus legislator Moyses ieiunans[123] a deo conscriptas tabulas suscepit. et hic frater noster quadraginta diebus permanens in uenerabili templo inmaculatae et gloriosae semper uirginis 17 E. 953. Mariae. priorem graciam quam negando perdiderat. ieiunando a deo recepit. [fol. 130 v.] Demus igitur et nos simul cum eo 17 E. 958. gloriam deo nostro. qui sic misericorditer exaudiuit poenitentiam confugientis ad se. per interuentionem inmaculatae semper uirginis Mariae. quae est inter deum et homines fons uerissimus. quae est 17 E. 967. spes desperandorum. quae est refugium afflictorum. quae maledictionem humanae naturae conpescuit. quae est uera ianua. in 17 E. 974. qua omni peccatori pulsanti aperitur.[124] et apud eum quem genuit dominum nostrum petitionem offeret. et accipit peccatorum nostrorum indulgentiam. Recordare ergo et nostri sancta dei genitrix. 17 E. 983. qui ad te uigilamus pura fide et confugimus. et non derelinquas pauperrimum ouile. sed [fol. 131 r.] deprecare pro eo apud misericordem deum et intercede. ut conseruetur in commodis et sine calumnia. In te enim speramus[125] omnes Christiani. ad te confu- 17 E. 990. gimus. ad te oculos nostros die noctuque pandimus. te enim et eum qui ex te carnem suscepit dominum nostrum salutamus et glorificamus. Et quid iam loquar aut dicam. aut qualem laudem 17 E. 998. uel gloriam illi qui ex te natus est. offeram?[126] Certe magnificata sunt opera tua domine. et non sufficit lingua ad gloriam mira- 17 E. 1002. bilium tuorum. Vere magnificata sunt opera tua domine. Certe 17 E. 1008. congruum est hoc euangelii dictum. Afferte stolam primam.[127] et induite illum. et date anulum in manu [fol. 131 v.] eius. et calciamenta in pedes[128] eius. et afferte[129] uitulum saginatum. et occidite. 17 E. 1013.

et edentes laetemur. quia hic frater noster mortuus fuerat et re-
uixit. perierat et inuentus est. Et postquam surrexit. rogauit eum
ut conbureret illam nefandissimam cartulam. quod et factum est.
Et uidentes populi execrabilem cirographum. et negatoriam cautionem conbustam igni. coeperunt cum multitudine lacrimarum
diutissime clamare: Kyrieleison.¹³⁰ Et annuens manu episcopus ut
tacerent. ait: Pax uobis. Et coepit ingressa missarum facere. et
post expletionem sacrorum misteriorum. perceptoque sacro misterio
statim effulsit facies uenerabilis uicedomini sicut sol. et uidentes
omnes subitaneam [fol. 132 r.] uiri transfigurationem. amplius
glorificabant¹³¹ deum. qui facit mirabilia magna solus. Et occur-
rentes uenerabili templo dei genitricis. quae eum liberauit ab exe-
crabili illo errore. modicum gustans dissolutus corpore. infirmatus
est in eo loco. in quo et sepultus est. quo¹³² etiam et beatam
illam uisionem uidit. declinans se tamquam confixus in eo loco.
Et post triduum osculans fratres. tradidit beatam animam in manu
filii dei. et inmaculatae semper uirginis Mariae. omnia sua egenis
distribuens¹³³ et optime¹³⁴ disponens. talique confessione glorificans
deum. migrauit ad dominum. Cui est gloria. nunc et semper. et
per omnia saecula saeculorum. Amen.

Varianten zu Harl 3020 Brit. Mus. [fol. 113 ff.] aus Nero
E. I Brit. Mus. [Part I fol. 157 r. 2 ff.].

1 N. (=Nero E. 1 fol. 157 r. 2 ff) execrandae
2 N. ohne in
3 N. omnimodo
4 N. pertinentes ecclesiae. et Christi rationabile ouile optime regebat
5 N. constituerat
6 N. orphanis
7 N. atque
8 N. lässt fälschlich episcopum aus
9 N. statuere
10 N. fälschlich anime für annuit
11 N. praecipit
12 N. metropolitano episcopo
13 N. susceptus
14 N. populorum fehlt
15 N. obtabant (?)
16 N. sollertiam
17 N. nihil hominus
18 N. siniuit (?)
19 de fehlt in N.
20 N. uicedominatus
21 N. abominanda
22 ut fehlt in N.
23 N. diaboli
24 N. argumentis
25 N. hat cupiditate hinter dem accensus
26 N. crastino noctu
27 N. gratulatus
28 qualecunque fehlt in N.
29 N. respondente
30 N. albos clamitatos
31 perduxi eum fehlt in N.
32 N. abnegat
33 illum fehlt in N.
34 N. richtig priorem gegen das priore der Harl.
35 N. [et] dispensationem
36 N. propositus
37 N. cum metu
38 N. et
39 N. orphanis
40 N. dispexit
41 N. aeterni
42 ecce fehlt in N.
43 N. accurrunt
44 N. quo
45 N. diabulo
46 N. regi (?)
47 N. subuenit
48 N. quo
49 quomodo demolita es fehlt in N.
50 N. Quali.
51 N. Quali es dimersa
52 N. subplantatus sum
53 N. dimersus
54 N. fügt hinzu Jesum Christum
55 N. negauerim
56 N. aiebat
57 N. expetam
58 N. Procidens interpella

59 N. sanamenta
60 N. offerentes
61 N. peruacauit quali noxia
62 N. illa
63 N. in medio
64 N. quo
65 N. Estimas o homo ea quae in me peregisti peccata
66 N. cucurro
67 N. domina fehlt hier in N.
68 N. poenitudinem
69 N. poenitentia
70 N. apostolorum fehlt in N.
71 N. liest hier: quomodo Zachaeum et ipsum principem publicanorum et calumpniatorem suscepit. Si non esset poenitentia quo illum qui apud Corinthios fornicauerat. suscipere iussit apostolus dicens
72 N. Unde
73 N. indicia
74 tuae fehlt in N.
75 uicedomino fehlt in N.
76 N. fecundiam
77 N. Quae
78 N. conpassio
79 N. Et post praestmam
80 sum fehlt in N.
81 N. Non
82 N. habeam
83 N. Tu
84 ad eum fehlt in N.
85 N. ululata (?)
86 N. a patre
87 N. Ipsum
88 N. Sepultusque est
89 N. Uenturusque
90 N. egentem (?)
91 in fehlt in N.
92 N. accusante nos aut excusante nos aut excusante. atque quale etc. Schreibfehler des Copisten der Nero E. I.
93 N. Et
94 N. hac
95 N. dispicias
96 In der Hs. Harl. 3020 hat hinter precationem ein meam gestanden, das jedoch später ausradirt ist. Die Hs. Nero E. I hat meam beibehalten.
97 N. qui (?)
98 N. hatte zuerst denudatus. Später wurde das erste d radirt.

99 N. confugientium
100 N. conspiciens
101 N. sursum (?)
102 N. lactis
103 N. et si tu
104 N. obseruaueris
105 N. At ille respondit
106 In Hs. Harl. 3020 stand zuerst adiutori. Später ein zweites i darüber geschrieben. Hs. Nero E. I adiutori
107 perhennem
108 N. erroneo
109 N. dimersus
110 Hs. Nero E. I liest nach Mariam noch: statimque ac de praesenti (?) et per eadem manu cartula pura protectio (?)
111 N. ohne dies
112 N. exhibuit
113 N. soluerentur
114 N. omnia enarrauit
115 N. Et
116 sunt fehlt in N.
117 N. postulauit
118 N. hat nach uitam aeternam nur: Uenite uenite abluentes peccata (?)
119 N. Karissimi
120 Nach diesem dominus liest Nero E. I noch: uenite uenite lacrimas remissionem peccatorum impetrantes
121 Ueber dem mouentes steht in Harl. 3020 uel mitigantes. Nero E. I liest remouentes
122 N. contrito (?)
123 N. ieiunas
124 N. in qua omnes peccatores pulsant et aperit
125 N. sperauimus
126 N. offeramus
127 N. primum
128 N. pedibus
129 N. adferte
130 N. Kyrrieleison
131 N. glorificabat
132 N. in quo
133 N. distribuit. Auch in Hs. Harl. 3020 hat erst distribuit gestanden, das jedoch in distribuens geändert ist.

---

5 Cleop. C. X. fol. 108 r.—109 v. **Niederkunft der Frau beim Berge St. Michael in Brittany.**
Fehlt in Arundel; fehlt in Egerton.

3 Royal 20 B. XIV. fol. 108 v. 2 ff.
5 Cleop. C. X. fol. 108 r: De muliercula in periculo maris liberata.

Piissimo sanctae dei genitricis miraculo in ipsis aereis spiri-
3 R. 5. tibus patrato. nostro proposse iam praelibato quid in aquoso etiam elemento ipsius misericordia exercuerit. paucis aperiendum uidetur. In loco qui Tumba dicitur. est quaedam ecclesia in honore sancti
3 R. 11. Michaelis archangeli honorifice admodum constructa. [fol. 108 v.] Ille uero locus occeano undique cinctus est. ipsius aestu qui graece reuma dicitur nimis terribilis accessum maris malina nuncupatum
3 R. 16. et recessum ledona dictum. omnibus aduenientibus ac limina sancti
3 R. 22. archangeli petere desiderantibus bis in die praetendens. Non autem
3 R. 27. ut cetera maria gradatim. uerum praecipiti cursu cum magno fremitu ac strepitu terrifico sonitu accurrens. saepe iter agentes inter-
3 R. 30. cipit. et ideo isdem locus periculum maris appellatur. Omnium
3 R. 31. itaque terrarum populi hunc locum in solennitate sancti archangeli Michaelis iugi deuotione frequentant. angelica suffragia per hoc se
3 R. 35. adipisci sperantes. Quadam igitur festiuitate ipsius archangeli
3 R. 41 u. 45. turbis ad eius limina properantibus. ac iam in medio arenae maris
3 R. 43. positis. affuit inter ceteros quaedam mulier paupercula. uicino
3 R. 49. partu omnino iam grauida. Cum ecce subito terribilis sonitus maris intonat. et cunctis praepeti cursu modo amentium fugien-
3 R. 57. tibus. ipsa miserrima mulier nichil humani auxilii habens sola
3 R. 63. remansit. usu etiam pedum prae nimio timore. dolore et labore destituta. Irruerant enim in eam ut de alia quaedam diuina pagina narrat. dolores subiti. Quid ageret. quo se uerteret igno-
3 R. 65. rabat. Clamabat cum eiulatu miserabiliter auxilium petens. sed
3 R. 68. unusquisque se ipsum tueri cupiens. audire dissimulabat. Quod
3 R. 71. forte non casu sed magis diuina gestum uoluntate constat. quatinus ex hoc Christi boni- [fol. 109 r.] tas maxime in tribulatione praesens. eiusque piissimae matris misericordia omnibus claresceret.
3 R. 74. Igitur absente humano auxilio recurrit ad diuinum. deum lacrimabili uoce innocans. et eius genitricem Mariam sanctumque
3 R. 75.
3 R. 85. Michaelem archangelum. Populus etiam omnis ad hoc spectaculum in littore consistens. geminas manus ad sidera tendens. dei et eius misericordissimae matris Mariae auxilium flebiliter
3 R. 87. inuocabant. Uniuersis ergo Christi adiutorium implorantibus. aduenit domina nostra dei genitrix uirgo Maria ultra omnem angelicam et
3 R. 95. humanam misericordiam pia. et ueluti ipsi mulieri uidebatur manica super eam proiecta. ita intactam a terrissono impetu maris red-
3 R. 97. didit. ut nec minima etiam gutta totius abissi uestimenta illius
3 R. 100. contingeret. Ibi igitur quasi in tutissimo habitaculo posita peperit
3 R. 114. filium. sine timore illic permanens. donec iterum mare suos fluctus in se retrahens. liberum iter eundi mulieri praeberet. O mira dei
3 R. 117. uirtus. seruauit enim olim prophetam Jonam tribus diebus et tribus noctibus in uentre coeti. istam uero mulierculam in medio aquarum reseruauit per stellam maris Mariam magna parte diei. Erant quondam aquae antiquo populo dei quasi pro muro a dextris

et a sinistris. huic autem pauperculae ad instar domus per reginam
coeli extiterunt in necessitatibus suis. Refertur uero a quibusdam
sanctum Michaelem archangelum quendam suum peregrinum sulle- 3 R. 124.
uatione aquarum liberasse a periculo [fol. 109 v.] maris. sed hanc
mulierem domina mundi in ipsis fluctibus liberauit a periculo
mortis. Quis tantam sanctae dei genitricis pietatem considerare 3 R. 135.
sufficiet? Quis reginam coeli et terrae pauperculae mulieri tam
cito in tanta necessitate succurrentem non miretur? Venit itaque
cum puero ad litus quae sola in mari relicta fuerat. mirum specta- 3 R. 145.
culum omni populo praebens. Estimabant enim eam iam in ponto
necatam. Hic reuera quislibet sapiens illam ueridicam sententiam
praetendere potest: ubi deest humanum auxilium. sine dubio adest
diuinum. Cerneres namque super tam mirabili facto unumquemque
ultra quam dici fas sit gratulari. mirari. quasi incognitum esset
referri alteri. omnes in commune piissimam misericordiam dei genitricis et semper uirginis Mariae praedicare. Denique pergit mulier 3 R. 153.
turba comitante ad ecclesiam sancti Michaelis archangeli. fiunt
nota fratribus loci sanctae dei genitricis miracula. pulsantur classica. 3 R. 155.
cuncti cum maximo tripudio clamant: O quam pia es domina nostra 3 R. 158.
sancta Maria. Succurre ergo uirgo dei genitrix et nobis miseris
peccatoribus. famulis tuis in tua misericordia sperantibus. ut non
nos demergat tempestas aquae neque absorbeat nos profundum.
neque urgeat super nos puteus os suum. sed tuamisericordia*)
pietate et sanctissima adiuti et confortati. seruiamus uero regi.
qui uiuit et regnat per immortalia saecula saeculorum. Amen.

---

6 Cleop. C. X. fol. 109 v. **Julianus Apostata.**
Fehlt in Arundel.
16 Egerton fol. 21 r. 1—21 v. 2.
4 Royal 20 B. XIV. fol. 109 v. 2—111 v. 2. (Siehe ausserdem Altfr. Bibl. Bd. IX. p. 76 ff.)

6 Cleop. C. X. fol. 109 v. De apostata Juliano interfecto.

Expeditis tribus miraculis. dulcissimam sanctae [fol. 110 r.] dei
genitricis pietatem in igneo. aereo et aquoso elemento mirifice demon-
strantibus. iam cetera quae restant in terreo elemento multipliciter
eius magnificentiam praedicant. Cum enim diuina uoce testante
homo terra sit. recte quicquid in ipso gestum constat. in terreo
elemento fieri dicitur. Verum hoc praemittendum uidetur. quod
quemadmodum beatissima dei genitrix omnibus suam misericordiam
deuote expetentibus piissima fore intelligitur. sic cunctis eam et
eius benignissimum filium contempnentibus. terribilis uindex esse
experitur. Quod in Juliano apostata manifestissime declaratum est.
Nam cum ipse imperator bellaturus aduersus Persas Caesa- 16 E. 1.
ream Cappadociae deuenisset. egressus est in occursum eius uene- 4 R. 35.
randus pontifex eiusdem urbis Basilius. uir in omni diuina et 16 E. 5.

---

*) unterstrichen in Hs. Am Rande misericordissima.

sacculari scientia peritissimus. Ad quem dum imperator alludens dixisset: Superphilosophatus sum te o Basili. erant enim prius in iuuenili aetate conscolastici cum Libanio sophista sub praeceptore Graeciae Eubalo. praesentauit ei beatus Basilius tres panes ordeiceos. quam praesentationem omnino spreuit Caesar. ac pro panibus foenum sibi reddi iussit dicens: Pabulum irrationabilium animalium nobis obtulisti. recipe quod dedisti. Cui honorandus sacerdos: Nos imperator ex his quae comedimus tibi benigne praesentauimus. tu uero ea quibus irrationabila iumenta tua utuntur nobis dari iussisti. irrationabiliter agens. Quibus uerbis commotus imperator. minatus est si de Persida uictor redisset. totam Caesaream ita destruendam. ut magis [fol. 110 v.] foenifera quam farrifera. aut hominifera cerneretur. Igitur abeunte Caesare. uir dei sanctus Basilius euocans omnem gregem sibi commissum. admonuit eos quo nequaquam salutem propriam floccipenderent. sed quisque secundum posse suum in thesauro ecclesiae auri argentiue copiam adunaret. ut si apostata uictor redisset. saltim cum muneribus placarent. Videres itaque post hanc pastoris admonitionem unumquemque fidelium gratanter quae poterat offerre. cuncta diligenter in thesaurio reponi. superscriptis nominibus singulorum. ut si forte deus uindictam de tiranno exercuisset. unusquisque propria reciperet. Post hoc beatus Basilius cum omni populo in montem Didimi perrexit. ubi erat uenerabile templum gloriosissimae dei genitricis Mariae. ibique ieiuni sine cibo triduo perseuerantes. orare. psallere. dei et eius benignissimae matris misericordiam flebiliter quaerere coeperunt. Completo itaque triduano ieiunio. sequenti nocte uidebatur in somnis beatissimo pontifici exercitum coelestis militiae totum montem cooperuisse. in medio quorum erat cernere quandam in muliebri habitu regali in throno praesidentem. ac sibi circumstantibus talia inferentem: Vocate cito Mercurium. et abibit interficere apostatam Julianum. me et filium meum tumido ore blasphemantem. Qui cum ueniret armatus. uelociter secundum reginae praeceptum Persidam ire perrexit. Non imparem uero uisionem uidit et Libanius sophista dum [fol. 111 r.] esset cum tiranno in Persida. quaestoris officium exequens. Expergefactus itaque santus Basilius. dominum deum nostrum et eius mitissimam genitricem Mariam cum summa exultatione benedicens. ilico ceteris adhuc dormientibus martirium santi Mercurii petiit. arma eius requisiuit. sed minime inuenit. Percunctatur custodem ecclesiae quo arma martyris deuenerint? iusiurandumque ab eo accipit: sero reuera ibi extitisse. uerum quis ea abstulerit. uel quo asportata fuerint se necisse. Reuersus igitur sanctus episcopus in montem Didimi. euigilauit cunctos. narrans eis iuxta praelibatam uisionem magnalia dei. et celerem misericordiam piissimae matris domini. Denique per totam illam noctem omnibus deo graciam agentibus. facto mane santus Basilius cum uniuerso clero et populo ad martirium beati Mercurii perrexit. ac cunctis mirantibus et gaudentibus arma sanctissimi martiris reposita. et lanceam illius totam sanguinolentam in solito loco

inuenit. Intellexerunt ergo omnes tirannum procul dubio occisum. 16 E. 83.
singulique sua recipientes. deo et eius genitrici in iubilo tripudia
reddiderunt. Refertur autem in tripertita historia. apostatam 4 R. 171.
tirannum in Persico bello equo insidentem per exercitum suum 4 R. 173.
uolitasse. animos militum suorum dictis suis ad bella exacuisse.
cum subito quidam miles equum album calcaribus urgens soli 4 R. 176.
imperatori apparuit. eumque in pectore*) lancea perfodit. statimque 4 R. 179.
recedendo disparuit. tiranno frustra [fol. 111 v.] suos increpante. 4 R. 187.
cur se non tuerentur. nec illum apprehenderent. Decurrente uero
sanguine a uulnere. impleuit apostata Julianus manum suam proprio 4 R. 195.
cruore. et iactans in aere. talia proclamitat: Vicisti Nazarene. 4 R. 199.
uicisti. Sicque indignam uitam. digna morte finiuit. 4 R. 207.
Benedictus**) per omnia deus. qui et impium apostatam per- 4 R. 213.
didit. et populum suum de manu eius per intercessionem beatissimae uirginis et matris domini nostri Jesu Christi liberauit.
qui uiuit et regnat p[er] o[mnia] s[aecula] s[aeculorum.] Amen.

7 Cleop. C. X. fol. 111 v.—112 v. **Belagerung von Chartres.**
Fehlt in Arundel.
20 Eg. fol. 36 v. 2—37 v. 1. (cf. Altfr. Bibl. Bd. IX p. 127 ff.)
5 Royal 20 B. XIV. fol. 111 v. 2.
Vergl. ferner: Wace, Roman de Rou. Hugo Andresen. Bd. II.
p. 68 ff.

Cleop. C. X. fol. 111 v. De urbe Carnotensi per tunicam
Sanctae Mariae protectam.

Anno dominicae incarnationis octingentesimo. XC° VIII°. [898] 5 R. 1.
Rollo primus dux Normannorum. qui iam a septentrionali parte 5 R. 9.
diuino examine ueniens. multis secum diuersis ex gentibus comi- 5 R. 15.
tantibus. cum paucis ut fertur nauibus. mare transierat. sicque
terram ab ipsis gentibus Normanniam postea dictam petierat.
innumeras strages de Francis agens. ciuitatesque eorum capiens. 5 R. 19.
Carnotensem urbem obsedit. Ea tempestate quidam episcopus. 5 R. 25.
nomine Walchelmus. in eadem ciuitate erat uir religiosissimus. 5 R 30.
deoque acceptabilis. Is cum periculum ciuitatis. sibi a deo com- 5 R. 32.
missae cerneret. sapienti usus consilio. Ricardum Burgundiae 5 R. 37.
ducem. et Ebalum Pictauensium comitem in suum auxilium prouo- 5 R. 39.
cauit. quatinus illorum munimine septus. facilius hostem ab impug-
natione ciuitatis procul arceret. Verumeninuero quum in dei 5 R. 43.
eiusque beatissimae genitricis Mariae ad- [fol. 112 r.] iutorio. potius
quam in hominum auxilio. spem suam posuerat. in secretario
ecclesiae ingressus. thesaurum permaximum. omnique margarita 20 E. 33. u. Wace 850.
preciosius. tunicam uidelicet eiusdem sanctae Mariae matris domini. 5 R. 49.
quae tunc temporis in thesauro basilicae dignissime seruabatur. 5 R 52.

---

*) In Hs. stand zuerst pectora; später a in e geändert.
**) Hinter Benedictus ein Zeichen, dass etwas ausgelassen. Am Rande
itaque.

cum maxima reuerentia. et nimio timore. causa tantae necessitatis sustulit. Collocato igitur eodem sanctissimo indumento firmissime super hastam permaximam idem episcopus quasi signifer egregius. ad instar uexilli tunicam reginae coeli praeferens. omni exercitu eum sequente. seriatim adiutoriumque sanctae dei genitricis inuocante. ciuitatem cum magna fiducia egressus est. Nec defuit virtus diuina: Statim enim ut hostes impetum in aciem contra se uenientem moliti sunt. tam mirum prodigium operantibus sanctae Mariae meritis omnibus apparuit. ut hostilis exercitus cum suo duce diuinitus caecitate percussus. quo iret uel quid ageret ignoraret. Cerneres mirabile dictu omnem hostilem exercitum ut uino debriatum. huc illucque gradum more freneticorum ferre ac referre. oculos sine officio uisus apertos tenere nec fugere. nec aliquid fortiter agere. Intelligens itaque Carnotensis acies suos hostes a deo percussos. abusi potestate diuinitus sibi concessa. quam plures sternere. multos ex eis debilitare coeperunt. Quod nequaquam domino nostro Iesu Christo eiusque piissimae genitrici placuit. ut in sequentibus patuit: Dum enim Rollo [fol. 112 v.] cum suo exercitu. angustiis pressus. uirtute et meritis sanctae dei genitricis. et perpetuae uirginis Mariae. in fugam uersus esset. et insuper a Christianis cedentibus et undique interficientibus insequeretur. premeretur. heu proh dolor ut fertur. disparuit illa sanctissima et preciosissima tunica protectricis humani generis. sicque hostibus uisum recipientibus. fugaque labentibus. Carnotensis ciuitas peccatis exigentibus tam magno praesidio tantoque thesauro hactenus caruit. Unde datur intelligi neminem hominum deo suum iudicium exsequente. humanum iudicium exaggerare debere. Caueat ergo omnis Christianus. deum peccatis offendere. maximeque superbia et crudelitate. ne forte quod absit. et in praesenti illius adiutorio careat. et in futuro ob eius contemptum dampnationem habeat. quod a nobis omnipotens deus sanctae dei genitricis meritis auertat. qui per infinita saecula uiuit et regnat. Amen.

---

8 Cleop. C. X. fol. 112 v.—114 r. **Abt Odo und der Dieb.**
Fehlt in Arundel.
Fehlt in Egerton.
6 Royal 20 B. XIV. fol. 112 v. 2.

8 Cleop. C. X. fol. 112 v. De latrone apud Cluniacum conuerso.

Nunc ad illud piissimum et omni nectare dulcius dictum stilus uertatur. quod ab illo mellito ore stellae maris suauissime prolatum. cunctis peccatoribus in signum misericordiae est positum. Verum ut res ipsa omnibus enucleacius illuscescat. seriatim causam rei inpraesentiarum pandere studeamus. Accidit tempore sancti Odonis Cluniacensis abbatis sicut in uita ipsius scriptum legitur. eundem beatum uirum non sine causa foras monasterio cum fra-

tribus exisse. obtinumque quendam [fol. 113 r.] latronem reuera 6 R. 14.
deum quaerentem habuisse. Qui statim procidens ad pedes reue-
rentissimi abbatis Odonis. per terribile nomen dei eum adiurare 6 R. 19.
coepit. quatinus fratrum numero sociaretur. Sanctus uero illum
minime cognoscens. quod petebatur ilico concedere noluit. sed de 6 R. 24.
uita atque conuersatione ipsius ceteros interrogare studuit. Asserunt cuncti illum agnoscentes. nequissimum et pessimum latronem 6 R. 25.
esse. Audiens hoc uir dei. uocato eo ad se. ammonuit ut prius 6 R. 29.
uitam suam in saeculo emendaret. atque se ipsum probaret ante- 6 R. 32.
quam talia requireret. uel aliud monasterium ubi leuior conuer-
sacio esset peteret. dicens eum grauissimam Cluniacensis mona- 6 R. 37.
sterii regulam non posse seruare. Ad quod ille: Ecce discedo et 6 R. 39.
pereo. in die uero iudicii ab anima tua deus animam meam re-
quiret. Expauescens itaque abbas. moxque illum per manum 6 R. 45.
apprehendens. et nichil ab eo aliud ut plerique faciunt nisi salutem
animae atque bonam uoluntatem requirens. duxit ad fratres talia
inferens: Ecce quam bonum et quam iocundum. habitare fratres 6 R. 52.
in unum. Ecce ouem errantem. quam deus a faucibus lupi ab-
strahens. uobis direxit. His dictis. corpore et animo eum fratribus 6 R. 57.
sociauit. habitumque sancti Benedicti sibi paterno affectu tradidit.
Sociatus igitur fratribus ex toto. non secundum morem quorundam
non conuersorum sed potius peruersorum agere sategit. qui suam
non dei uoluntatem quaerentes. statim ut non in monasterium
uenerint. magistri aliorum effici uolunt. eos qui se susceperunt
despicientes et reprehendentes. [fol. 113 v.] obedientiasque adu-
lationibus et simultatibus captantes. unde plerumque contingit.
quatinus honores et diuitias quas minime in saeculo habuerunt.
ad sui perniciem ac animae perditionem tali factione assequantur.
At iste beatus et uere nomine et opere conuersus. exemplum
posteris relinquens. extimplo cuncta quae mundi sunt deserens.
soli deo ac saluti animae suae diatim uacare studuit. Videns 6 R. 68.
autem abbas eum iam in perfectione monasticae religionis positum.
commendauit sibi cum alio fratre cellerarii officium. in qua obe- 6 R. 70.
dientia non peior effectus ut quidam usque ad finem uitae deo
et fratribus suis gratiosissime exhibuit ministerium. Nam unam
manum operi. alteram psalterium tenens semper praebebat ora- 6 R. 76.
tioni. Inter cetera etiam uirtutum ornamenta. beatissimam dei
genitricem singulare refugium omnium peccatorum dominam nostram 6 R. 78.
sanctam Mariam ita omni affectu et summa humilitate ueneratus
est. ut nunquam memoriae illius deesset. Quod bono suo eum
fecisse. maxime in fine illius poterit quilibet cognoscere. Nanque
cum infirmitate pressus ad extrema duceretur. uenit ad eum uisi- 6 R. 84.
tandum praelibatus abbas cum fratribus. et secundum legem
Christianam optulit sibi locum confessionis. admonens ut nichil 6 R. 87.
omnino de peccatis suis praetermitteret. quia absque confessione
non est locus misericordiae. Qui mira respondisse fertur: Dixit
enim se alicuius criminis minime esse conscium. ex quo monachi
suscepit habitum. nisi quod tunicam suam cuidam nudo [fol. 114 r.] 6 R. 99.
pauperi sine licentia occulte dederit. et quod funem per quem

situla ad aquam hauriendam dependebat. similiter clandestino
G R. 101. sustulerit. Quem cum abbas interrogaret quid de fune fecisset.
G R. 104. respondit se corpus suum inde circumligasse. ut edacitatis inglu-
G R. 108. uiem sic temperaret. Adiunxit etiam transacta nocte in uisione
se coelum per gradus petiisse. obuiamque quandam honestissimam
G R. 111. personam ipso sole splendidiorem habuisse. talia sibi mellifluc
G R. 116. depromentem: Agnoscis me? Cui ille tremens: Minime domina. Ad
G R. 118. quem ipsa: Ego sum misericordiae mater. Ne timeas. quia post
triduum hac hora uenies huc ad me. Quo dicto expergefactum
G R. 126. se esse memorabat. Audiens hoc abbas cum maxima exultatione
deo et eius benignissimae gracias agebat genitrici. semper ex inde
eam matrem misericordiae appellans. Jussit tamen quibusdam
G R. 133. fratribus. quatinus funem de corpore illius tollerent. Quem nimio
labore et dolore angustiante. una cum carne abstulerunt. sanie
et sanguine insimul erumpente. Sicque beatus ille exemplar uerae
poenitentiae. secundum suam interrogationem cum quid faceret
G R. 141. requisisset. et beatae Mariae iussionem hora praedicta carnem
exiuit. ac ipsa matre misericordiae ducente. gaudia coelestis regni
intrauit. Oramus ergo te piissima mater misericordiae. ut nos
peccatores famulos tuos sic in praesenti foueas. quatinus post
obitum nos ad eadem coeli gaudia introducas. Amen.
Explicit liber Primus. Incipit Secundus.

9 Cleop. C. X. fol. 114 v.—115 v. **Hildefonsus-Legende.**
1 Arundel fol. 60 r. 2. De Hildefonso archiepiscopo.
Fehlt in Egerton.
15 Royal 20 B. XIV. Einl. und 16 Royal 20 B. XIV. fol.
125 r. 2 ff.

---

9 Cleop. C. X. fol. 114 v. (Einleitung zu Liber Secundus 15 R. fol. 125
der Cleop.) r. 2. vs. 1 ff.

Ad omnipotentis dei laudem cum saepe recitentur sanctorum
miracula. quae per eos egit diuina potentia. multo magis sanctae
dei genitricis Mariae debent referri praeconia. quae sunt omni
melle dulciora. Ergo ad roborandas in eius amorem mentes
fidelium. et excitanda corda pigritantium. ea quae fideliter narrari
audiuimus. largiente domino recitare studeamus.[1]

Quomodo uestimentum dedit Hildefonso.[2]

Fuit in toletana[3] urbe quidam archiepiscopus qui uocabatur[4] 16 R. 1.
Hildefonsus religiosus ualde. et bonis moribus[5] ornatus. Qui inter
cetera bonorum operum studia. sanctam dei genitricem Mariam 16 R. 6.
multum[6] diligebat. et prout poterat omni reuerentia eam honorabat.
In cuius laude[7] uolumen insigne de eius sanctissima uirginitate 16 R. 9.
stilo eleganti[8] composuit. quod ita eidem sanctae Mariae[9] compla-
cuit. ut illi ipsum librum[10] manu tenens appareret. et pro tali
opere ei[11] gracias referret.[12] Ille uero cupiens eam altius honorare.
constituit ut celebraretur solennitas eius. VIII.º*) die ante festiui- 16 R. 25.
tatem dominici natalis. ita uidelicet ut si solennitas[13] annuntiationis
dominicae circa passionem uel resurrectionem domini euenerit.
in praedicta[14] die sub eadem solennitate[15] congrue restitui possit.
Quod sibi satis uidebatur[16] iustum. ut prius sanctae[17] dei genitricis

---

Varianten aus 1 Ar. 846. fol. 60 r. 2. 1. Die Einl. der Cleop. von Ad
omnipotentis bis studeamus fehlt in 1 Ar. 2. De Hildefonso archiepiscopo.
3. tholetana. 4. nomine für qui uocabatur. 5. operibus. 6. multum fehlt
in Ar. 7. laudem. 8. elegenti. 9. eidem sanctae et perpetuae uirgini dei
genitrici Mariae. 10. libr. ips. 11. illi. 12. referre(?). 13. ut celebraretur
eius solempnitas singulis annis octauo die ante festiuitatem dominici natalis.
ita. s. ut si solempnitas etc. 14. praedicto. 15. solempnitate. 16 uideb.
sat. 17. fehlt in Ar.
*) Am Rande octauo.

ageretur festum. ex qua deus homo natus uenit in mundum.[18]
16 R. 36. Quae solennitas[19] in generali concilio confirmata. celebratur per
16 R. 44. multarum ecclesiarum loca.[20] Ergo[21] sancta dei genitrix ei rursum
ap- [fol. 115 r.] paruit.[22] sedens in cathedra prope altari[23] posita.
et uestimentum sacerdotale quod nos albam uocamus attulit. dicens
16 R. 46. illi:[24] Hoc uestimentum de paradiso dei filii mei attuli[25] quo[26]
uestieris in dei et mea solennitate.[27] et in[28] hac cathedra sedebis.
16 R. 55. quando tibi libuerit[29] ibi sedere. Sed scito[30] certissime quod
praeter te nemo in hac cathedra impune sedere.[31] uel hoc uestimentum ualebit induere. Quod si quis[32] praesumpserit. deo
16 R. 63. iudice[33] ultione non carebit. His dictis. sancta uirgo Maria ab
illo recessit.[34] eique uestimentum quod attulerat reliquit.[35] Quo[35b]
ille ualde laetus utens in dei seruitio et eiusdem matris.[36] cotidie
16 R. 75. crescebat in boni operis exercitio. Post haec feliciter[37] migrauit
ad dominum. relinquens posteris ad honorandam dei genitricem
16 R. 79. pulcherrimum exemplum.[38] Post cuius obitum. quidam clericus
uocabulo Siagrius iam praelibatae urbis factus est[39] archiepiscopus. Qui paruipendens deuotionem praedecessoris sui.[40] immo
deceptus astutiis[41] inimici. in praedicta cathedra contra prohi-
bitionem sanctae uirginis Mariae[42] consedit. sacrum quoque[43] uesti-
16 R. 95. mentum induere uolens dixit: Sicuti ego homo sum.[44] sic et hominem
fuisse scio praedecessorem meum. Quare ergo[45] non uestirer eo
quo induebatur uestimento. cum eodem quo ipse functus est fungar
16 R. 110. praesulatus officio?[46] Haec dicens. illo sacro uestimento se
16 R. 113. induit.[47] sed statim deo ulciscente praesumptionem eius in terram[48]
eodem uestimento artius[49] constrictus mortuus cecidit. Quod
16 R. 119. uidentes qui illic aderant.[50] magno pa- [fol. 115 v.] uore perter-
riti.[51] sacrum uestimentum quod ille indigne acceperat tulerunt.
16 R. 130. et in[52] thesauro ecclesiae ubi actenus[53] seruatur[54] reposuerunt.
16 R. 135. Sic sancta dei genitrix beatum Hildefonsum qui ei deuote serui-
erat honorauit. Siagrium uero pro sua praesumptione morte
multauit. ostendens[55] quia quisquis eam honorauerit. graciam dei
suamque[56] habebit.

---

18. ex qua homo deus uenit in mundum. 19. solempnitas. 20. celebratur per multas ecclesias. 21. Erga(?). 22. apparuit fehlt fälschl. in Ar. Vielleicht hat man anzunehmen, dass der Schreiber der Ar. das Wort beim Umblättern übersah. 23. altare. 24. et uestimentum quod albam sacerdotalem uocamus ei attulerat dicens: 25. tibi attuli. 26. qua. 27. et mei solempnitate. 28. a(?). 29. lib. tibi. 30. cito. 31. nemo impune sedere in hac cathedra. 32. aliquis. 33. uindice. 34. sancta dei genitrix ab eo discessit. 35. ei uestimentum attulerat reliquit. 35b. quod ille etc. 36. in dei et eius genitricis seruicio. 37. fideliter. 38. relinquens nobis exemplum pulcherrimum matrem domini adhonorandam. 39. est fehlt in Ar. 40. Qui paruipendens praedecessoris religionem. 41. deceptus a studiis gegen das astutiis (Schlauheit, Kniffe) der Cleop. 42. Mar. uirg. 43. sacrumque. 44. sum homo. 45. ego. 46. cum eodem quo ipse factus(?) est officio fungar praesulatus est. 47. ille se sacro uestimento induit. 48. sowohl eius als terram fehlen in Ar. so dass Ar. lautet: praesumptionem in eodem uestimento etc. 49. Ar. arrius(?). 50. qui similiter aderant. 51. conterriti. 52. in fehlt in Ar. 53. hactenus. 54. seruabatur. 55. In Ms. Ar. steht nur osten. Das dens hat der Schreiber vergessen. 56. et suam.

10 Cleop. C. X. fol. 115 v.—116 v. **Vom ertrunknen Mönche.**
31 Cleop. C. X. behandelt dieselbe Geschichte, jedoch vollständiger als 10 Cleop.
2 Arundel fol. 60 v. 1. De monacho submerso.
8 Egerton fol. 10 r. 2—13 r. 1.
17 Royal 20 B. XIV. fol. 126 v. 1—127 v. 1. Damit ähnlich ist 11 Royal 20 B. XIV. fol. 118 v. 1—119 r. 2.
Von den obigen Versionen decken sich inhaltlich: 10 Cleop. mit 2 Ar. mit 17 Royal. Auf der andern Seite: 31 Cleop. mit 8 Egerton.

10 Cleop. fol. 115 v. De Secretario in flumine merso et resuscitato.¹ 8 Eg. 15. 17 R. 8.

In quodam coenobio erat quidam monachus. secretarii officio functus.² Hic ergo ualde erat lubricus. et daemonico³ instinctu aliquotiens urebatur libidinis aestibus.⁴ Tamen sanctam dei genitricem non modice diligebat. et transiens ante sanctum eius⁵ altare dicendo: Aue Maria gracia plena dominus tecum.⁶ eam cum reuerentia salutabat. Adiacebat autem ipsi coenobio fluuius. quem praedictus frater transibat.⁷ quando ad explendam concupiscentiam suam pergebat. Quadam itaque⁸ nocte uolens ire ad scelus assuetum. coram altari ut solitus erat sanctam Mariam salutauit. ac deinde ecclesiae ianuas aperiens. ad praedictum fluuium peruenit. Quem dum transire uellet a diabolo inpulsus in eundem cecidit.⁹ et mox demersus¹⁰ ibidem interiit. Cuius animam mox¹¹ rapuit multitudo daemonum. cupiens eam deferre in baratrum.¹² Sed pietate dei affuerunt angeli.¹³ si forte possent illi ferre*) aliquid solatii.¹⁴ Quibus uenientibus dixerunt daemones uerbis contumacibus: Ut quit huc aduenistis?¹⁵ Nichil¹⁶ in hac anima habetis. quum propter mala opera quae fecit.¹⁷ [fol. 116 r.] iure concessa est nobis. Ad haec ualde¹⁸ tristes sancti angeli.¹⁹ dum non sufficienter haberent quid ferrent²⁰ boni operis. ecce²¹ subito aduenit sancta dei genitrix et liberali auctoritate dixit daemonibus illis:²² Cur o²³ nequissimi spiritus hanc animam rapuistis? Responderunt: Quia²⁴ inuenimus eam consummasse uitam²⁵ in operibus malis. At illa contra:²⁶ Falsa sunt inquid²⁷ quae profertis. Scio enim quum²⁸ alicubi pergens, me primum²⁹ salutando

8 Eg. 20. 17 R. 9.
8 Eg. 31. 17 R. 10.
8 Eg. 36. 17 R. 24.

8 Eg. 74. 17 R. 35.
8 Eg. 77. 17 R. 40.
8 Eg. 81. 17 R. 43.
8 Eg. 85. 17 R. 47.
8 Eg. 91. 17 R. 55.
8 Eg. 101. 17 R. 59.
8 Eg. 105. 17 R. 62.
8 Eg. 110. 17 R. 64.
8 Eg. 141. 17 R. 75.

Varianten aus 2 Ar. fol. 60 v. 1. 1. De monacho submerso. 2. Erat quidam monachus in quodam coenobio secretarii officii functus. 3. daemonio(?). 4. libidinis urebat aestibus. 5. eius fehlt. 6. gracia plena dominus tecum fehlt in Ar. 7. ipsi coenobio quidam pons super quem supradictus transibat. 8. autem. 9. quum uellet transire a diabolo impulsus in eundem fluuium cecidit. 10. dimersus. 11. mox fehlt. 12. cupiens eum deferre ad baratrum. 13. iam angeli. 14. aliquod solatium. 15. Ut quid huc uenistis? 16. Nil. 17. gessit für fecit. 18. fehlt in Ar. 19. angeli sancti. 20. proferrent. 21. fehlt. 22. fehlt. 23. o. fehlt in Ar. 24. Quod. 25. uitam consumasse. 26. fehlt, dafür dixit. 27. fehlt in Ar. 28. quia. 29. fehlt.

*) In Hs. zuerst ferrent, doch mit radirtem nt.

a me licentiam accipiebat. et rediens similiter agebat.³⁰ Quod si dixeritis quia uim facimus uobis. ecce ponemus in iudicio summi regis. Cunque³¹ ex his inter se altercarentur.³² placuit altissimo
8 Eg. 271. domino pro meritis sanctissimae suae matris.³³ ut anima fratris
17 R. 99. rediret ad corpus quatinus poenitentiam ageret de suis reatibus.*
17 R. 103. Interea aduenit tempus. quo³⁴ fratres ad cantandos matutinos
17 R. 105. ymnos conuocarentur. Et dum mora fieret ad pulsandum signum.
17 R. 110. surgentes aliqui ex fratribus. secretarium praedictum quaesierunt. et non inuenientes usque ad fluuium³⁵ perrexerunt. et eum de-
17 R. 116. mersum in aqua³⁶ reperierunt. Cuius corpus ab aqua extrahentes.³⁷ mirabantur cogitantes qua occasione³⁸ hoc ei contigisset. Cunque plura opinantes inter se sermonicarentur. mirum inmodum³⁹
17 R. 123. ecce ille frater exsurgens a morte inter eos astitit uiuus.⁴⁰ Et narrauit fratribus quae contigerant sibi. et⁴¹ quomodo euaserat
17 R. 139. succurente genitrice dei.⁴² Post haec non solum illud uitium quo delectari solebat⁴³ deseruit. sed etiam deo et sanctae Mariae matri eius feruentius seruiuit.⁴⁴ et in bonis [fol. 116 v.] actibus uitam
17 R. 146. suam consumans. in pace animam reddidit.⁴⁵

---

11 Cleop. C. X. fol. 116 v.—117 r. **Vom ausserhalb des Kirchhofes begrabnen Mönche.**
3 Arundel fol. 61 r. 1. De carnotensi clerico.
Fehlt in Egerton.
18 Royal 20 B. XIV. fol. 127 v. 1.

---

11 Cleop. C. X. fol. 116 v. De clerico extra cimiterium tumulato.¹

18 R. 5. Quidam clericus in carnotensi ciuitate degebat.² qui erat leuis³ moribus. saeculi curis deditus. carnalibus etiam⁴ desideriis
18 R. 16. ultra modum subiectus. Hic tamen sanctam dei genitricem nimis in memoria habebat.⁵ et⁶ sicut supra de altero retulimus. eam saepissime salutatione angelica salutabat. Qui dum ut fertur⁷ ab inimicis peremptus esset. scientes eum satis irreligiosam uitam
18 R. 25 u. 30. duxisse. decreuerunt extra cimiterium sepeliri⁸ debere. Quod ita fecerunt. extraque atrium non ut talem uirum decebat tumulaue-
18 R. 31. runt.⁹ Et¹⁰ dum illic per dies triginta¹¹ iacuisset. sancta uirgo

30. haec agebat 31. Cumque. 32. Cumque inter se ex eis alternarentur.(?) 33. pro meritis suae genitricis. 34. quod. 35. flumen. 36. in aqua demersum. 37. trahentes. 38. qua occasione cogitantes. 39. admodum. 40. frater a morte surgens inter eos uiuus astitit. 41. ac. 42. dei genitrice. 43. consueuerat für solebat. 44. et sanctae matri suae attentius seruiuit. 45. consumens. et in pace deo animam suam reddidit.
Varianten aus 3 Ar. fol. 61 r. 1. 1. De carnotensi clerico. 2. Quidam clericus carnotensi urbe degebat. 3. seuis. 4. fehlt in Ar. 5. dei genitricem in memoria ualde habebat. 6. et fehlt in Ar. 7. ut fertur fehlt in Ar. 8. sepelire.(?) 9. non ut talem decebat uirum sepelierunt. 10. Ac. 11. triginta dies.
*) Hier etwa schliesst die 8 Egerton, während 17 Royal den Schluss wie Cleop. und Ar. hat.

uirginum illius miserta. apparuit[12] cuidam clerico dicens ei ista:[13] Cur ita iniuste[14] egistis erga meum cancellarium. ut poneretis eum extra uostrum cimiterium? Cui interroganti quisnam fuisset ille eius cancellarius: ille inquit sancta uirgo qui ante triginta dies a nobis est extra atrium tumulatus. mihi deuotissime seruiebat.[15] et coram meo altari me saepissime salutabat. Citius ergo ite. et corpus eius de indecenti loco auferentes in atrio ponite.[16] Haec dum ille[17] enarrasset. uehementer admirati tumulum[18] eius ape- 18 R. 75. ruerunt. floremque pulcherrimum in ore eius repperierunt.[19] et 18 R. 83. linguam eius integram et sanam. quasi ad laudandum deum paratam.[20] Intellexerunt itaque cuncti qui aderant. quia dei genitrici 18 R. 89. ex suo ore fecisset seruitium quod sibi fuisset placitum.[21] et relato corpore eius[22] ad cimiterium. cum dei laudibus decenter sepe- 18 R. 96. lierunt eum.[23] Quod non solum pro illo.[24] [fol. 117 r.] sed etiam pro nobis credamus[25] fecisse sanctam dei genitricem. quatinus omnes haec audientes accendantur in dei et eius amorem.[26]   18 R. 102.

12 Cleop. C. X. fol. 117 r.—117 v. **Das Anthem des Mönches.**
4 Arundel fol. 61 r. 2. De alio clerico.
Fehlt in Egerton.
19 Royal 20 B. XIV. fol. 128 r. 2.

12 Cleop. C. X. fol. 117 r. Item de quodam clerico. quomodo pro gaudio quinquies praedicato. gaudium promittitur.[1]

Alter quoque quidam clericus in quodam loco commora- 19 R. 4. batur.[2] qui et ipse deo et eius almae genitrici[3] satis erat deuotus. Qui inter cetera actuum bonorum studia.[4] quibus eidem sanctae 19 R. 5. uirgini placere curabat. hanc antiphonam in eius laudem mente deuota saepius[5] decantabat:[6] Gaude dei genitrix[7] uirgo immacu- 19 R. 16. lata. Gaude quae gaudium ab angelo suscepisti. Gaude quae genuisti aeterni luminis claritatem. Gaude mater. Gaude sancta dei genitrix uirgo. tu sola mater innupta. te laudat omnis creatura genitricem lucis. sis pro nobis quasi perpetua interuentrix. In hac nanque antiphona sanctae dei genitrici a Christi ecclesia quinquies

---

12. miserata aparuit. 13. talia. 14. iniqui. 15. quisnam esset cancellarius ille. sancta inquit: Ille qui ante triginta dies extra atrium tumulatus est qui mihi deuotissime seruiebat. 16. Cicius ite et de indecenti loco corpus eius auferentes in atrio ponite. 17. fehlt. 18. admirati sunt et tumulum etc. 19. et pulcherrimum florem in ore suo inuenerunt. 20 inuenerunt paratam. 21. quia dei genitrici seruicium quod sibi fuisset placitum. 22. fehlt. 23. eum sepelierunt. 24. pro illis. 25. credimus. 26. quatinus tam nos quam audientes haec accendamus in dei et eius amorem.
Varianten aus 4 Ar. fol. 61 r. 2. 1. De alio clerico. 2. morabatur. 3. matri für genitrici. 4. cetera bonorum operum studia. 5. saepius fehlt. 6. cantabat. 7. 8. In der Hs. Arundel steht nur Gaude dei genitrix. Der Inhalt der Antiphona, wie ihn Cleop. C. X. hat, bis herunter auf: Sed ut ad narrationis ordinem redeamus fehlt in Arundel. An Stelle dessen liest Ar. nur Gaude dei genitrix. Hic ergo cum languore correptus ad extrema uenisset, coepit anxiari etc.

gaudium praedicatur. quia gladius enormis doloris eius animam pertransiuit. quando unigenitus filius illius dominus noster Jesus Christus in cruce pro salute humani generis positus. quinque uulnera in proprio corpore sustinuit. ut per eadem totius mundi dilueret crimina. quinque sensibus humanis commissa. Nempe propter haec benedicta uulnera. etiam a spiritu sancto in fine psalmorum iam olim illi quinque uersus sunt editi. in quibus undecies dominum laudare iubemus. quatinus per hanc laudem ueniam transgressionis diuinae legis mereamur. Sed ut ad nar-

19 R. 21. rationis ordinem redeamus. taxatus clericus cum languore correptus ad extrema peruenisset. coepit [fol. 117 v.] anxiari.[a] et pauore

19 R. 30. nimio perturbari. Cui apparens sancta uirgo Maria[9] dixit ei: Cur tanto pauore[10] trepidas. qui totiens mihi gaudium enuntiasti?[11]

19 R. 34. Ne paueas. quum nichil[12] mali patieris.[13] sed gaudii[14] quod mihi

19 R. 47. semper[15] praecinebas. amodo mecum particeps eris.[16] Audiens haec ille putauit se[17] sanitati restitutum. et dum se cum laetitia

19 R. 60. erigere uellet.[18] anima eius a corpore egrediens. petiit paradisi gaudia. ubi sicut promiserat ei sancta dei genitrix laetabitur

19 R. 67. per aeterna saecula.[19] Ergo pensandum est quantum debeat mente retineri. quae sibi seruientibus non desinit auxiliari.[20]

---

13. Cleop. C. X. fol. 117 v.—118 r. **Maria am Krankenbette des Armen.**
4a. Arundel fol. 61 v. 1. De paupere quodam. Ist im Index zu Hs. Ar. nicht angegeben, findet sich jedoch im Texte der Hs.
Fehlt in Egerton 612.
20 Royal 20 B. XIV. fol. 129 r. 1.

---

13 Cleop. C. X. fol. 117 v.—118 r. De paupere ad requiem inuitato.[1]

20 R. 23. Vir quidam pauper degebat in quadam uilla. qui cum egeret stipe cotidiana per plura loca pergebat. et tam ex largitione uirorum bonorum quam ex labore manuum suarum uictum adqui-

20 R. 27. rebat.[2] Ita autem[3] sanctam dei genitricem Mariam[4] prout poterat et sciebat ex toto corde suo[5] honorabat. ut etiam de elemosinis quae ei dabantur. pro eius amore aliis pauperibus saepissime[6]

---

9. uirgo sancta Maria. 10. timore. 11. qui totiens gaudium mihi annuntiasti? 12. quia nil. 13. In Hs. Ar. ist zwischen pacie und ris ein Riss im Pergament. 14. set gaudium.(?) 15. semper fehlt in Ar. 16. particeps mecum eris. 17. se fehlt in Ar. 18. et cum laetitia se erigere uellet. 19. ubi sicut sancta dei genitrix promiserat laetatur per aeterna saecula. 20. Ergo quanto amore quantoque desiderio debeat in [fol. 61 v. 1] mente recitari*(?) quae sibi seruientibus tam uelociter non desinit auxiliari.

Varianten aus 4a. Ar. fol. 61 v. 1. 1. De paupere quodam. 2. qui cum egeret stipe cotidiana labore manuum suarum uictum cotidianum adquirebat. 3. uero für autem. 4. Mariam fehlt in Ar. 5. suo fehlt in Ar. 6. saepius.

*) In Hs. Ar. recitare; doch ist über dem e von recitare der i Strich richtig später eingetragen, also recitari.

largiretur. Hic ergo[7] cum moreretur. coepit deprecari sanctam dei genitricem ut eius misereri dignaretur.[8] et precibus suis ei felicitatem paradisi largiretur. Tunc ipsa[9] sancta mater misericordiae ei assistens dixit:[10] Veni ut sicut petisti. perfruaris requie paradisi.[11] Hanc uero uocem.[12] audierunt plures qui in domo erant.[13] Quod et[14] mox effectus ostendit. Denique[15] statim anima eius egressa a corpore perducta est ab angelis in paradisum.[16] ubi sicut promiserat sancta [fol. 118 r.] dei genitrix laetabitur cum iustis sine fine.[17] 20 R. 56. 20 R. 67. 20 R. 71. 20 R. 85. 20 R. 90.

---

14 Cleop. C. X. fol. 118 r.—118 v. **Der Dieb Ebbo, der 2 Tage am Galgen hängt.**
5 Arundel 346 fol. 61 v. 1. De quodam latrone.
Fehlt in Egerton 612.
21 Royal 20 B. XIV. fol. 129 v. 1.

---

14 Cleop. C. X. fol. 118 r.—118 v. De latrone a suspendio liberato.[1]

Sicut exponit beatus Gregorius papa*) de septem stellis pliadibus quod se quidem non contingunt[2] et tamen lucis suae[3] radios pariter ostendunt. sic plures in mundo religiosi uiri diuersis extitere[4] temporibus. qui deo et eius sanctissimae genitrici[5] simili deuotione in una eademque[6] uirtute placere studuerunt. Quos[7] aliqui imitantes meritis multo inferiores.[8] meritis eiusdem sanctae uirginis saepius erecti[9] sunt a poenis tam animae quam corporis. Unde nulli sit onerosum.[10] quod referimus in diuersis non dissimile miraculum. Fuit quidam qui uocabatur Ebbo. multotiens res alienas rapiebat.[11] aliorumque[12] substantiis furtim ablatis. tam se quam suos alebat.[13] At tamen sanctam dei matrem uerebatur[14] ex corde. et etiam[15] dum ad latrocinandum[16] pergeret. exorando[17] salutabat eam deuotissime. Contigit autem quadam die dum quaedam non sua[18] furaretur. ut subito peruasus ab inimicis suis comprehenderetur. Qui dum[19] se a reatu purgare nequiret. iudicio arbitrum[20] decretum est ut laqueo appensus uitam finiret. Ductus est namque ad laqueum sine miseratione ulla. ut suspenderetur 21 R. 9. 21 R. 18. 21 R. 28. 21 R. 33.

---

7. igitur. 8. ut misereri eius dignaretur. 9. ipsa fehlt in Ar. 10. ait. 11. Veni dilecte et ut petisti perfruaris requie paradisi. 12. Hanc ergo uocem. 13. qui in domo illa erant. 14. et fehlt in Ar. 15. Nam für Denique. 16. in paradisi gaudia. 17. laetatur cum sanctorum coetibus.
Varianten aus 5 Ar. fol. 61 v. 1. 1. De quodam latrone. 2. Sicut exposuit sanctus Gregorius de VII. stellis pliadibus quod se non contigunt. 3. suae lucis. 4. existere. 5. et sanctissimae matri eius. 6. 7. Zwischen eademque und uirtute und zwischen Quos und aliqui ist in Hs. Ar. ein Riss im Pergament. 8. Quos aliqui imitantes multi inferiores. 9. erepti. 10. dubium. 11. Fur erat qui uocabatur Ebbo. qui multotiens res alienas rapiebat. 12. que fehlt in Ar. 13. habebat. 14. dei genitricem uenerabatur. 15. etiam fehlt in Ar. 16. latronandum. 17. orando. 18. non sua fehlt. 19. cum. 20. arbitrorum.

*) Das Wort papa auf folio 118r. ist stark angegriffen, jedoch noch leserlich.

absque mora.²¹ Cumque eo suspenso iam pedes eius in aere penderent.²² ecce sancta dei genitrix²³ in auxilium ei ueniens. per

12 R. 49. biduum eum ut sibi uidebatur²⁴ suis sanctis manibus sustentauit. nec²⁵ aliquam laesionem pati²⁶ permisit. Illi uero qui eum suspenderant²⁷ cum ad illum locum²⁹ unde paulo ante discesserant

21 R. 55. ubi ille pendebat redissent. et uidissent eum uiuentem et uul-[fol. 118 v.] tu hilari²⁹ quasi nichil³⁰ mali patientem. putauerunt

21 R. 59. eum non plene laqueo innexum. et protinus accedentes guttur eius
21 R. 62. dum transfigere uellent.³¹ iterum sancta uirgo manus suas gutturi eius apposuit. nec transfigi permisit. Cognoscentes uero illi³² eo
21 R. 71. referente quod sancta Maria³³ auxiliaretur ei. ualde mirati dimi-
21 R. 92. serunt eum amore dei.³⁴ Qui abiens factus est monachus. et postea quoad uixit seruiuit domino et sanctissimae matri eius.³⁵

---

15 Cleop. C. X. fol. 118 v.—119 v. **Vom Mönche zu St. Peter in Cöln.**
6 Arundel 346 fol. 61 v. 2. De monacho alio.
Fehlt in Egerton 612.
22 Royal 20 B. XIV. fol. 130 r. 2.

15 Cleop. C. X. fol. 118 v.—119 v. Quomodo anima defuncti rediit ad corpus.¹

22 R. 2. In monasterio sancti Petri quod est apud urbem Coloniam. erat quidam frater² cuius uita et mores nimis ab habitu monachili³
22 R. 5. discrepabant. Nam leuiter se agens in plurimis actibus etiam filium contra propositum monachi habebat. et saeculari actui se
22 R. 12. in multis tradiderat.⁴ Hic igitur aliquando⁵ cum quibusdam fratribus potionem pro corporis⁵ᵇ salute accipiens. irruente languore nimis afflictus.⁶ sine confessione uel Christi corporis sacra com-
22 R. 23. munione repente est defunctus.⁷ Cuius anima mox⁸ ab antiquo
22 R. 26. hoste arrepta.⁹ ducebatur ad infernalia claustra. Quod cernens Petrus¹⁰ cuius erat monachus. accessit ad benignum dominum. et
22 R. 38. pro anima ipsius fratris deprecabatur eum.¹¹ Cui dominus: Ignoras Petre.¹² quod propheta me inspirante dixerit:¹³ Domine quis habi-

21. decretum est ut sine mora suspenderetur — also viel kürzer als Cleop. 22. iam pedes eius impenderent. 23. ecce uirgo sancta. 24. per triduum ut sibi uidebatur. 25. ne. 26. ei pati. 27. suspenderunt. 28. ad locum illum. 29. alacri. 30. nil. 31. et accedentes dum guttur eius uellent transfigere. 32. Illi uero cognoscentes. 33. uirgo für Maria. 34. ualde mirati eum deposuerunt et amore dei eiusque genitricis liberum eum abire dimiserunt. 35. et coad uixit monasterio sancti Petri et deuote seruiuit sanctae uirgini.

Varianten aus 6 Ar. fol. 61 v. 2. 1. De monacho alio. 2. Apud urbem Coloniam erat quidam frater. 3. monachali. 4. Nam leuiter agebat se in pluribus actibus saeculi. Den Rest des Satzes in Cleop. hat tradiderat hat Ar. nicht. 5. fehlt. 5b. pocionem. 6. conflictus. 7. defunctus est. 8. fehlt hier, findet sich jedoch nach hoste. 9. arrepta ausgelassen in Ar. 10. sanctus Petrus. 11. et pro animaeius deprecabatur eum. 12. Ignoras inquit. 13. dixit.

tabit in tabernaculo tuo? aut quis. r. i. m. s. t.*) subitiens: Qui ingreditur sine macula. et. o.**) iustitiam.¹⁴ Quomodo ergo hic¹⁵ potest fieri saluus. cum neque sine macula sit ingressus. neque ut debuit iustitiam est operatus?¹⁶ Haec audiens sanctus Petrus. 22 R. 47. iterum sanctos angelos et deinde singulos ordines sanctorum precatus est.¹⁷ ut orarent dominum pro anima fratris. [fol. 119 r.] Quibus singulis se¹⁸ deprecantibus cum ea quae supra¹⁹ retulimus 22 R. 55. responderet dominus. nouissime uenit ad sanctam dei genitricem sanctasque uirgines. sciens illarum citissime exaudiri²⁰ preces. Ob quam rem cum surrexisset dei sancta genitrix precatura filium 22 R. 65. suum²¹ cum sanctis uirginibus. statim assurrexit²² eis Christus et 22 R. 69. dixit suae sanctae matri sanctisque uirginibus: Quid²³ a me poscis 22 R. 72. dulcissima mater. cum meis karissimis sororibus? Cui sancta uirgo 22 R. 75. dum respondisset. quod pro anima memorati fratris postularet. saluator mundi ait illi: Licet per prophetam dixerim²⁴ neminem 22 R. 80. posse in meo tabernaculo habitare. nisi qui²⁵ sine macula ingreditur et iustitiam²⁶ operatur. tamen quia tibi placet ut indulgentiam consequatur. concedo ut anima eius²⁷ ad corpus reuertatur. ut acta 22 R. 90. de malis actibus poenitentia. demum requie²⁸ perfruatur. Haec 22 R. 95. ut sancta dei genitrix [audiuit] sancto Petro apostolo innotuit.²⁹ confestim³⁰ sanctus Petrus magna claue quam tenebat diabolum 22 R. 101. terrens in fugam cum conuertit.³¹ et animam fratris³² quam tenebat eripuit. Quare duobus speciosis³³ pueris commandauit. et ipsi nichi- 22 R. 114. lominus ut reduceretur ad corpus. commandauerunt eam cuidam fratri. qui fuerat³⁴ monachus praefati monasterii. Qui reducens eam. rogauit quasi pro mercede ut³⁵ singulis diebus diceret pro eo 22 R. 125. psalmum: Miserere mei Deus. et persaepe³⁶ mundaret scopis sepulchrum eius. At frater ille de morte resurgens quae sibi con- 22 R. 133. tigerant uel quae uiderat narrauit. et quomodo a diaboli potestate fuisset ereptus suffragiis sanctae dei genitricis atque sancti Petri apostoli. Sane si hoc quod narrauimus miracu- [fol. 119 v.] lum alicui uidetur incredibile. cogitet quantum possit sancta dei genitrix supra omnes ordines sanctorum apud filium suum coeli et terrae regem et dominum. et deponat omne incredulitatis ambiguum.³⁷ Si uero obicit de claue sancti Petri qua terruit inimicum. memi-

---

14. Domine quis habitabit in tabernaculo tuo? Subiciens: qui ingreditur sine macula. 15. fehlt in Ar. 16. neque iustitiam ut debuit operatus est. 17. Haec autem dicens. beatus Petrus sanctos angelos et inde singulos ordines angelorum sanctorum deprecatus est. 18. se fehlt in Ar. 19. ante für supra. 20. sciens certissime earum exaudiri. 21. sancta dei genitrix precatura suum filium. 22. adsurrexit. 23. et quid. 24. Cui sancta dum responderet. quod pro anima fratris memorati oraret. Christus ait illi: Licet propheciam dixerim. 25. qui fehlt in Ar. 26. iusticiam. 27. fratris für eius. 28. demum requie fehlt in Ar. fälschlich. 29. Haec ut sancta uirgo audiuit sancto Petro innotuit. 30. confestim fehlt hier, steht jedoch hinter claue. 31. eum in fugam uertit. 32. fratris fehlt in Ar. 33. preciosis. 34. erat. 35. pro munere eam ut. 36. saepe. 37. et quomodo a diabolo fuerit ereptus suffragiis dei genitricis supra ordines angelorum apud dominum coeli et terrae filium suum et deponit omne incredulitatis ambiguum.

*) requiescet in monte sancto tuo?
**) operatur.

nerit quia incorporalia corporeis nisi per corporea narrari non possunt..³⁸ Veruntamen deo nichil est impossibile.³⁹ cui gloria in saecula et benedictio sine fine. Amen.⁴⁰

16 Cleop. C. X. fol. 119 v.—120 v. **Vom Pilger Gerhardus.**
7 Arundel 346. fol. 62 r. 2—62 v. 1. De peregrino Sancti Jacobi.
Fehlt in Egerton 612.
23 Royal 20 B. XIV. fol. 131 v. 1.

16 Cleop. C. X. fol. 119 v. De quodam peregrino per iudicium sanctae Mariae a morte resuscitato.¹

Neque hoc debemus silere. quod beatae memoriae dominus
23 R. 10. Hugo abbas Cluniacensis solet² narrare de quodam monasterii sui
23 R. 16. fratre.³ Idem uero frater dicebatur Girardus.⁴ Qui cum adhuc
23 R. 20. laicus esset. desiderabat quondam⁵ ad sancti Jacobi limina⁶ properare. Praeparatis itaque⁷ itineri necessariis. sub lucem⁸ diei qua iter debebat aggredi cum sociis. cum sua concubina dormiuit
23 R. 26. deuictus uoluptate carnis.⁹ Cumque paululum in itinere cum sociis suis processisset.¹⁰ antiquus hostis eum decipere cupiens. qui aliquando transfigurat se in angelum lucis. in similitudine sancti
23 R. 43. Jacobi apostoli se ostendens ei dixit:¹¹ Scias quum¹² pro malis operibus¹³ quae gessisti. iam non potes salutem consequi nisi feceris
23 R. 57. quae dixero tibi. Abscide*)¹⁴ primum tua¹⁵ genitalia membra et¹⁶ deinde interfice temetipsum.¹⁷ et¹⁸ ob hoc habebis a deo¹⁸ᵇ prae-
23 R. 65. mium sempiternum. At ille putans ueraciter eum sanctum esse Jacobum qui talia iuberet.¹⁹ arrepto ferro membra uirilia abscidit. ac postea²⁰ per guttur suum ferrum trahens. semetipsum ad
23 R. 81. mortem uulnerauit. Quem [fol. 120 r.] iam morti proximum audientes socii eius. iamque²¹ extremum spiritum uiolenter tra-
23 R. 82. hentem. ut uiderunt eum sanguine cruentatum. dimittentes eum
23 R. 85. fugerunt.²² metuentes ne forte dicerentur uel cupiditate pecuniae
23 R. 93. uel aliqua occasione peremisse illum.²³ Porro cum fuisset de-

---

38. Sicut ergo de claue sancti Petri obicit qua conterruit inimicum. meminerit quia corporalia nisi per corporalia narrari uon possent. 39. impossibile est. 40. cui est honor et gloria per omnia saecula saeculorum.
Varianten aus 7 Ar. 346. fol. 62 r. 2 bis 62 v. 1. 1. De peregrino Sancti Jacobi. 2. Cluniacensis ecclesiae solet. 3. de quodam fratre sui monasterii. 4. frater Girardus uocabatur. 5. quondam fehlt in Ar. 6. liminaria. 7. Proparatis(?) igitur. 8. sub luce. 9. uictus uoluutate carnis. 10. processisset cum sociis suis. 11. cupiens aderat qui aliquando in figura angeli se transfigurat in similitudinem sancti Jacobi se ostendit atque dixit. 12. quod. 13. actibus. 14. Abcide. 15. tua fehlt in Ar. 16. et fehlt in Ar. 17. deinde interime te ipsum. 18. et fehlt in Ar. 18b. a deo fehlt in Ar. 19. putans eum ueraciter esse sanctum Jacobum qui talia iuberet ei. 20. praeterea. 21. eum für iamque. 22. accesserunt ut eum s[a]nguine cruentatum dimittentes eum cum festinatione fugerunt. 23. perimisse eum.

*) Am Rande ein Zeichen, welches tibi sein kann mit zu Abscide gehörigem noch erkennbarem Stern.

functus. rapuit animam eius hostis antiquus qui eum deceperat
cum suis satellitibus.²⁴ se ita praedam cepisse non modice gauisus.
Nutu uero dei dum²⁵ transirent²⁶ secus ecclesiam sancti Petri.
uenit eis obuiam²⁷ sanctus Jacobus assumpto secum sancto Petro 23 R. 91.
et dixit daemonicae cohorti:²⁸ Cur tulistis animam peregrini 23 R. 99.
mei?²⁹ Illi uero cum profer[r]ent³⁰ quicquid mali poterant. et quod 23 R. 106.
ad extremum se peremisset.³¹ dixit eis sanctus Jacobus: Sciatis
certe quia³² non gaudebitis de illius perditione. Nam sub mei 23 R. 123.
specie eum decepistis. et hoc³³ quod fecit. quasi mihi obediens³⁴
simpliciter egit. Quod si contra hoc reluctatis.³⁵ eamus ad iudicium sanctae Mariae dei genitricis. Hii igitur cum ob hoc ante 23 R. 132.
eandem sanctam matrem dei uenissent.³⁶ et quid³⁷ de hac re sibi
placeret inquirerent.³⁸ ipsa sancta uirgo plena pietate iudicauit 23 R. 150.
animam debere ad corpus reuerti. ut de malis quae egerat posset
poenitendo purgari.³⁹ Sic itaque meritis sanctae uirginis⁴⁰ Mariae 23 R. 157.
et sancti Jacobi apostoli.⁴¹ anima ad corpus regreditur.⁴² Homo
itaque reuiuiscens inuenit se sanum. et tantummodo cicatricem 23 R. 166.
pro testimonio remansisse. ubi guttur fuerat desectum.⁴³ Porro
uirilia⁴⁴ membra quae sibi demerat non sunt ei restituta. praeter 23 R. 174.
unum foramen⁴⁵ per quod mingebat exigente natura. Hic denique 23 R. 177.
monachus factus⁴⁶ in supradicto [fol. 120 v.] monasterio Clunia- 23 R. 180.
censi.⁴⁷ multis diebus uixit deuotus in seruitio dei.⁴⁸

---

17 Cleop. C. X. fol. 120 v.—121 r. **Vom unwissenden Priester.**
8 Arundel 346. fol. 62 v. 1. De Sacerdote.
Fehlt in Egerton 612.
24 Royal 20 B. XIV. fol. 132 v. 2.

---

17 Cleop. C. X. fol. 120 v.—121 r. De presbitero qui unam
tantummodo missam sciebat.¹

Sacerdos quidam erat parochiae cuiusdam ecclesiae seruiens. 21 R. 2.
honeste uiuens et optimis studiis praeditus.² sed litterarum

---

24. Porro cum fugissent illum defunctum. animam eius hostis qui eum
deceperat cum satellitibus suis. 25. cum für dum. 26. transissent. 27. obuius.
28. assumpto sancto Petro secum daemonicae cohorti. 29. mei peregrini?
30. Illi uero proferebant. (Hs. Ar. zuerst proferabant). 31. et quod ad se
extremum peruenisset. 32. quod. 33. hoc fehlt in Ar. 34. obediens mihi.
35. luctatis. 36. Igitur cum ante sanctam Mariam uenissent. 37. quicquid.
38. inquirerent fälschlich ausgelassen in Ar. 39. iudicaret(?) anima ad corpus
reuersa sit ut de malis quae egerat possit poenitendo purgari. 40. uirginis
fehlt in Ar. 41. apostoli fehlt in Ar. 42. ad corpus reuersa est. 43. et homo
reuiuiscens inuenit eum (dies eum jedoch untersrichen und se darüber gestellt)
sanum et tamen cicatrix in testimonio remansit ubi fuerat guttur trans-
fixum. 44. uirialia(?). 45. foramen paruum. 46. factus est. 47. Cluniacensi
fehlt in Ar. 48. uixit multis diebus ductus in seruicio dei.

Varianten aus 8 Ar. 346 fol. 62 v. 1. 1. De Sacerdote. 2. honestae
uitae optimis studiis praeditus.

24 R. 7.	scientia non plene inbutus. Etenim³ unam tamen missam sciebat. quam deuotissime in honorem dei et sanctissimae genitricis eius omnibus diebus cantabat.⁴ Est autem missae ipsius introitus:⁵
24 R. 15.	Salue sancta parens. Ob hoc a clericis apud episcopum accusatus.⁶ confestim accersitus ad eum est perductus.⁷ Quem corripiens
24 R. 23.	episcopus. interrogabat⁸ si uerum esset quod de illo⁹ audierat.
24 R. 30.	Qui respondit ei uerum esse.¹⁰ et se aliam missam nec scire nec
24 R. 32.	dicere.¹¹ Ad haec episcopus furore commotus.¹² dicens eum seduc-
24 R. 35. 24 R. 42. 24 R. 50.	torem hominum. officio missae priuauit eum. Reuersus uero presbiter ad domum suam. tristabatur propter missae priuationem.¹³
24 R. 66.	Nocte autem¹⁴ sequenti apparuit sancta dei genitrix episcopo in uisione.¹⁵ dicens ei aliquantulum seuera uoce: Ut quid ita meum ab
24 R. 71.	cancellarium tractasti.¹⁶ ut prohiberes seruitium dei et meum ab
24 R. 80.	eo fieri?¹⁷ Pro certo igitur¹⁸ noueris. quia nisi cicius ut agat
24 R. 83.	diuinum officium sicuti solet iusseris.¹⁹ die XXXᵐᵒ*) morieris. Hac uisione tremefactus episcopus. surrexit concitus. et mittens ad
24 R. 87.	presbiterum mandauit ut ad se ueniret quantotius.²⁰ Qui dum²¹
24 R. 88.	uenisset. episcopus ad pedes eius procidit.²² et ut ei indulgeret
24 R. 102.	humiliter exposcit.²³ Deinde²⁴ praecepit. ut nunquam ultra aliam missam cantaret.²⁵ nisi eam quam de sancta Maria uirgine²⁶ cantare solitus esset. Ex tunc uero ipsum presbiterum magnifice [fol. 121 r.] honorabat. quem etiam pro dei amore et sanctae genitricis eius
24 R. 109.	quamdiu uixit.²⁷ et uestiuit et aluit. Sic beata²⁸ dei genitrix sacerdotem sibi²⁹ seruientem ab iniuria protegens. quae ei necessaria³⁰ erant praeberi fecit. et postea defunctum ad uitam aeternam suis meritis introduxit.

18 Cleop. C. X. fol. 121 r.—122 r. **Stephanus-Legende.**
9 Arundel 346 fol. 63 r. 1. De duobus fratribus Stephano et Petro.
1 Egerton 612. fol. 1 r. 1 ff. Anfang unvollständig.
25 Royal 20 B. XIV. fol. 133 v. 1.

---

3. dafür nur Et in Ar. 4. quam deuotissime et honore sanctae Mariae omnibus diebus decantabat. 5. Hic est eius introitus: 6. est accusatus. 7. deductus. 8. interrogat. 9. eo. 10. Qui respondit uerum est. 11. et se aliam missam nescire nec cantare. 12. commotus furore. 13. dicens ad eum se esse seductorem hominum. et ab officio missae eum priuauit. Reuersus autem domum tristabatur pro missae priuatione. 14. uero. 15. apparuit sancta Maria in uisione episcopo. 16. tractasti fälschlich ausgelassen in Ar. die dafür nur bietet: Ut quid ita cancelarium. 17. ut prohiberes dei et meum seruicium ab eo fieri? 18. fehlt in A. 19. quia nisi agat diuinum seruicium sicuti solet illi iusseris. 20. ut ad se cito ueniret. 21. cum. 22. cecidit. 23. poposcit. 24. fehlt in Ar. 25. ut aliam missam nunquam cantaret. 26. fehlt in Ar. 27. et sanctae Mariae dum ipse uixit. 28. sancta für beata in Ar. 29. sacerdotem suum ibi. 30. necesaria.

*) Am Rande tricesimo.

18 Cleop. C. X. fol. 121 r.: De Stephano a poenis Judae traditoris*) liberato.¹

Erant duo fratres in urbe Roma.² quorum unus uocabatur Petrus admodum prudens et strennuus.²ᵇ ecclesiae sancti Petri archidiaconus. sed auarus. Alter uero³ Stephanus dicebatur. qui iudex in eadem uilla⁴ constitutus. saepe munera accipiendo iudicium⁵ peruertebat. et aliis non debita dando. aliis sua auferendo. multos iniuste iudicabat. Nam etiam tres domos ecclesiae sancti Laurentii et sanctae Agnetis ortum unum⁶ iniuste abstulit. Accidit autem ut frater eius Petrus moreretur. et in poenas purgatorias pro suis culpis duceretur. Post paucos quippe dies⁷ defunctus est et⁸ Stephanus. et ad iudicium domini perductus.⁹ Quem cernens sanctus Laurentius¹⁰ cui tres domos subtraxerat. quasi cum indignatione approximans ei tercio brachium eius arcius strinxit. et non minimo dolore cruciauit.¹¹ Sancta quoque cum sanctis uirginibus Agnes pro orto sibi subtracto.¹² faciem suam ab eo auertit. Tunc¹³ dominus coeli cui est iudex iustus.¹⁴ dans iudicium super eum dixit: Quoniam multotiens aliena abstulit.¹⁵ et munera accipiendo praue¹⁶ iudicans ueritatem uendidit. dignum est ut in loco Judae traditoris debeat poni. Quid plura?**) Sine mora impletur iudicium domini.¹⁷ At uero idem Stephanus dum adhuc [fol. 121 v.] uiueret. ualde diligebat sanctum Preiectum episcopum et martyrem.¹⁸ et singulis annis clericos pascendo. et multas elemosinas pauperibus erogando.¹⁹ honeste agebat eius solennitatem.²⁰ Dixerunt ergo sancti Preiecto:²¹ Sancte Preiecte cur non succurris Stephano. qui tam²² deuotus extitit in tuo seruitio? Accede confidenter ad misericordem²³ et benignum dominum. ut sua potenti pietate largiatur ei aliquod remedium.²⁴ Tunc sanctus Preiectus primo accedens ad sanctum Laurentium et ad sanctam Agnetem in quos ille deliquerat. precabatur ut ei ueniam²⁵ darent. Illi uero pro amore eius culpam pepercerunt cicius.²⁶ Deinde²⁷ exorauit dominum pro eo cooperante sancta dei genitrice Maria.²⁸ et mox optinuit. ut anima eius²⁹ rediret ad corpus. quatinus quod rapuerat³⁰ redderet. et de peccatis suis poenitentiam ageret. uiuens diebus

25 R. 5.
25 R. 9.
25 R. 23.

25 R. 36.
25 R. 45.

25 R. 58.

25 R. 62.

25 R. 72.

25 R. 78.
1 Eg. 4.
25 R. 83.
1 Eg. 11.
25 R. 87.
1 Eg. 14.
25 R. 95.
25 R. 101.
1 Eg. 24.
25 R. 107.
1 Eg. 30.
25 R. 111.
1 Eg. 31.
25 R. 119.
1 Eg. 40.
25 R. 121.
1 Eg. 42.

Varianten aus 9 Arundel 346 fol. 63 r. 1. 1. De duobus fratribus Stephano et Petro. 2. romana. 2b. strenuus. 3. uero fehlt in Ar. 4. In Hs. Cleop. ist uilla unterstrichen und urbe darüber gesetzt. In Ar. urbe. 5. iudicium fehlt in Ar. fälschlich. 6. unum ortum. 7. Post autem paucos dies. 8. et fehlt in Ar. 9. et ad iudicium dei adductus est. 10. Quem sanctus Laurentius cernens. 11. quasi cum indignatione appropinquans ei brachium eius strixit arcius et minimo dolore cruciauit. 12. Sancta quoque Agnes pro orto sibi subtracto cum sanctis uirginibus. 13. et tunc. 14. iustus iudex. 15. Quum multotiens aliena subtraxit. 16. et praue. 17. dei. 18. martirem. 19. et multas elemosinas dando pauperibus. 20. honeste eius agebat solempnitatem. 21. Dixerunt ergo sancto Preiecto. 22. tam fehlt in Ar. 23. ad misericordiam. 24. ut sua pietate potenti largiatur ei aliquid misericordiae. 25. ueniam ei. 26. culpam dimiserunt. 27. Denique. 28. Ar. nur: sancta Maria. 29. eius fehlt in Ar. 30. abstulerat.

*) Ueber dem tra von traditoris steht pro und tra ist durchstrichen.
**) Hier setzt die am Anfange unvollständige Erzählung 1 Eg. ein.

25 R. 135. 1 Eg. 60.	triginta.[31] Interea dum duceretur idem Stephanus[32] ad locum Judae traditoris. ut iudicauerat dominus. audiuit a longe quasi uoces plangentium animarum in poenis[33] positarum. inter quos agnouit
25 R. 137. 1 Eg. 70.	Petrum fratrem suum.[34] Ad quem appropians[35] dixit ei: Quomodo frater in poenas istas es adductus. quem iustum uirum aesti-
25 R. 152. 1 Eg. 76.	mabamus?[36] At ille: Icciro huc sum adductus. quum aliquantulum fui auarus.[37] Ad haec Stephanus: Speras inquit ultra consequi salutem?[38] Cui ille: Spero ait.[39] quum etsi[40] auarus fui. tamen multa bona[41] erga sanctam ecclesiam facere studui. Et[42] si dominus apostolicus pro me[43] missam cantaret cum cardinalibus suis. lar-
25 R. 169. 1 Eg. 90.	giente domino consequerer ueniam. et soluerer ab his quas patior poenis. Post haec dum Stephanus domino iudice [fol. 122 r.] ut supradictum est.[44] in loco ubi Judas torquebatur qui erat quasi puteus clauis acutis circumquaque praefixus fuisset mersus.[45]
25 R. 180. 1 Eg. 110.	uenit iussio omnipotentis dei[46] ut anima eius rediret ad corpus.
25 R. 188.	Reductus ergo cum uenisset ante sanctam dei genitricem Mariam.[47]
1 Eg. 114.	iussit ei ipsa uirgo piissima ut singulis diebus uitae suae cantaret
25 R. 196. 1 Eg. 124.	psalmum: Beati im[m]aculati in uia.[48] Ergo dum reuixisset supra- dictus Stephanus. quae sibi contigerant narrauit apostolico et his
25 R. 202. 1 Eg. 132.	qui erant cum eo.[49] et quae audierat a fratre suo Petro. Ostendit etiam[50] brachium suum[51] quod constrinxerat[52] sanctus Laurentius.
25 R. 206. 1 Eg. 138.	quod mirum in modum ita liuidum[53] erat ac si uiuens in corpore fuisset hoc perpessus.[54] Addidit etiam haec: In hoc scietis quum[54b] uera sunt ista[55] quae refero uobis. dum uideritis me ex
25 R. 217. 1 Eg. 143.	hac uita migrare. XXX. diebus transactis.[56] His uerbis fidem faciens audientibus. quod iniuste abstulerat reddidit.[57] et exinde
25 R. 227. 1 Eg. 149.	peracta de reatibus suis poenitencia. XXX.ma*) die feliciter migrauit a saeculo.[58]

19 Cleop. C. X. fol. 122 r.—122 v. **Streit zwischen Engeln und Teufeln.**
10 Arundel 346 fol. 63 v. 1. De quodam laico.
Fehlt in Egerton 612.
26 Royal 20 B. XIV. fol. 135 r. 1.

---

31. et poenitentiam ageret diebus uiuens triginta. 32. dum Stephanus duceretur. 33. poenas. 34. quas agnouit fratrem suum. 35. appropinquans. 36. quem iustum uirum aestimabamus fehlt in Ar. 37. quia aliquantulum fui auarus. iccirco sum huc adductus. 38. Speras ultra salutes? 39. inquid. 40. si. 41. multa bona opera. 42. Quod. 43. pro me fehlt. 44. domino iudice ut supra dictum est fehlt in Ar. ganz. 45. praefixus circumque fuit immersus. 46. altissimi dei. 47. ante sanctam Mariam. 48. iussit ei sancta uirgo ut singulis diebus uitae suae diceret psalmum: Beati immaculati. 49. Quod dum uixisset supradictus uir apostolico narrauit quae sibi contigerant. et his qui cum eo erant. 50. autem. 51. suum fehlt in Ar. 52. strinxerat. 53. Für das Wort liuidum hat Ar. eine Lücke gelassen. 54. hoc passus fuisset. 54b. quia. 55. ista fehlt in Ar. 56. uidebitis me migrare ab hac uita triginta diebus peractis. 57. quod tulerat reddidit. 58. inde peracta poenitentia de reatibus tricesimo die migranit a saeculo.

*) Am Rande der Cleop. tricesima.

19 Cleop. C. X. fol. 122 r.: De rustico saluato.¹

Erat uir quidam saecularis rurali operi deditus.² et aliis mundanis studiis occupatus. Qui dum multis prauis actibus esset intentus. etiam dum terram suam exararet³ quantum poterat terrae uicinis suis surripiebat.⁴ et metas suas transgrediens. iugeribus suis aliorum terram furtim⁵ sociabat. Hic tamen sanctam dei genitricem saepius in monte habebat. et plerumque eam sicut de quibusdam supra descripsimus.⁶ sicuti sciebat deuote⁷ salutabat. Iste ergo cum esset defunctus. conuenerunt daemones animam eius se⁸ rapere confidentes. Affuerunt etiam angeli.⁹ qui cum [fol. 122 v.] proferrent pauca bona ab eo facta. coeperunt daemones econtra proferre innumera mala.¹⁰ Cumque ob hoc exultantes¹¹ putarent¹² se uicisse. intulit unus ex angelis.¹³ quod cum deuotione solitus esset salutare sanctam genitricem dei.¹⁴ Hoc audientes spiritus inmundi. confestim relicta praedicta¹⁵ hominis anima. recesserunt confusi.¹⁵ᵇ Sicque illa anima¹⁶ erepta ab aduersariorum¹⁷ potestate perpetuam dampnationem euasit. largiente deo¹⁸ per suae sanctae¹⁹ genitricis merita. quae cum eo*) sit benedicta.

26 R. 5.
26 R. 6.
26 R. 13.
26 R. 19.
26 R. 21.
26 R. 25.
26 R. 38.
26 R. 61.
26 R. 76.
26 R. 78.
26 R. 85.

---

20 Cleop. C. X. fol. 122 v.—123 r. **Hubertus-Legende.**
11 Arundel 346 fol. 63 v. 1. De papiensi monacho.
2 Egerton 612 fol. 2 v. 2—4 r. 1.
27 Royal 20 B. XIV. fol. 135 v. 2.

---

20 Cleop. C. X. fol. 122 v.: Quomodo defunctus se liberatum reuelauit.¹

Apud ciuitatem quae uocatur Papia.² in monasterio sancti Saluatoris fuit quidam monachus²ᵇ qui erat prior ipsius monasterii constitutus. Hic leuis in eloquio erat et prauis moribus. multisque actibus non sibi proficiis³ intentus. Sed tamen quamuis ita uideretur irreligiosus. sanctam Mariam matrem domini⁴ non parum diligens. singulis horis laudes dei eique canebat.⁵ et dum eas caneret⁶ semper stabat. nec ullatenus sedere uolebat.

27 R. 6.
2 Eg. 4.
27 R. 9.
2 Eg. 9.
27 R. 13.
2 Eg. 14.

Varianten aus 10 Arundel 346 fol. 63 v. 1. 1. De quodam laico. 2. Erat quidam uir rurali operi deditus. 3. araret. 4. quantum poteram(?) terram uicinorum suorum subtrahebat. 5. furtim fehlt in Ar. 6. ut supra de aliis retulimus. 7. deuote fehlt in Ar. 8. se fehlt in Ar. 9. Etiam affuerunt angeli. 10. coeperunt daemones proferre multa mala. 11. Cumque daemones exultantes. 12. putauerunt. 13. unus angelus. 14. salutare sanctam Mariam. 15. praedicta fehlt in Ar. 15b vor confusi in Ar. inde. 16. anima illa. 17. aduersorum(?). 18. domino. 19. sanctae fehlt in Ar. 20. quae cum eo sit benedicta per saecula. Amen.

Varianten aus 11 Arundel 346 fol. 63 v. 1. 1. De papiensi monacho. 2. quae Papia uocatur. 2b. Ar. monaca. 3. Ar. deutlich proficius. In Hs. Cleop. proficius mit einem Strich unter dem 2ten u-Strich. 4. matrem domini fehlt in Ar. 5. laudes eius cantabat. In Hs. Cleop. stand zuerst eiusque, doch ist das us von eius später gestrichen.

*) Am Rande in aeternum.

44

27 R. 27.	Expleto denique uitae suae tempore. defunctus atque tumu-
2 Eg. 24.	latus.[7] post anni circulum apparuit cuidam secretario monasterii
27 R. 35.	qui uocabatur Hubertus. Is autem ut mos est[8] secretariis ante
2 Eg. 42.	matutinos ymnos surrexerat quadam nocte et lampadum lumina
	refouebat. stans ante altare. cum[9] ecce praefatus frater defunctus
	coepit eum uocare clamans aperta uoce:[10] Frater Huberte! Frater
27 R. 50.	Huberte! At ille haec audiens ualde territus est. et ignorans quid
2 Eg. 50.	hoc sibi uellet.[11] ad mansiones priuatas quae erant in domo infir-
	[fol. 123 r.] morum. quum uiciniores erant monasterio accessit.[12]
27 R. 48.	Ibi quoque praefatus frater defunctus coepit clamare: Frater
2 Eg. 62.	Huberte! Frater Huberte! Ille autem[13] non ausus ei respondere.
27 R. 51.	ad stratum suum cum timore[14] rediit. Et cum obdormisset astitit
2 Eg. 68.	ei frater saepe memoratus. et dixit ei:[15] Quare cum[16] te uocarem
27 R. 66.	respondere mihi[17] noluisti? Quem ille recognoscens. requisiuit[18]
2 Eg. 73.	
27 R. 70.	dicens: Quomodo te habes frater? Respondit ille:[19] Usque nunc
2 Eg. 80.	male fui exilium passus in quadam regione. cuius princeps uo-
27 R. 72.	catur[20] Smirna. Ubi dum degerem multis tribulationibus oppressus.
2 Eg. 84.	accidit ut transiret per illum locum ueneranda regina magni regis
27 R. 89.	nostri mater potentissima.[21] cui dum uiuerem solitus eram singulis
2 Eg. 96.	horis[22] ferre nuncia. Quae uidens me agnouit. et inde educens
27 R. 99.	me[23] secum adduxit. et in bonum locum misit.[24] Hoc audiens ille
2 Eg. 98.	frater Hubertus ceteris fratribus innotuit.[25] quod defunctus frater
	sicut eo referente compererat.[26] per sanctam dei genitricem[27]
	supplicium euasit. Unde colligitur quantam spem euadendi tocius
	periculi possint concipere si qui deuote dulcissimas horas tam
27 R. 112.	clementissimae dominae iugiter personantes illi diatim studuerunt
2 Eg. 106.	seruire.[28] Ipse autem frater Hubertus. postquam haec uidit uel
27 R. 114.	narrauit.[29] intra paucos dies defunctus ex hoc[30] mundo discessit.
2 Eg. 112.	

---

21 Cleop. C. X. fol. 123 r.—123 v. **Hieronymus-Legende.**
12 Arundel 346 fol. 63 v. 2. De Jeronimo clerico.
3 Egerton 612 fol. 4 r. 1—4 v. 2.
28 Royal 20 B. XIV. fol. 136 v. 2—137 r. 1.

21 Cleop. C. X. fol. 123 r.: Quomodo per uisionem iussit ordinari episcopum.[1]

7. defunctus est et tumulatus. 8. His ut mos est. 9. cum fehlt in Ar.
10. cepit ad eum clamare aperta uoce. 11. quid hic uellet. 12. ad mansiones priuatas cum infirmorum domo uiciniores erant monasterio accessit.
13. uero. 14. cum tremore. 15. astitit frater saepe nominatus ei et dixit.
16. dum. 17. mihi fehlt in Ar. 18. requisiuit eum. 19. ille fehlt in Ar. 20. uocabatur. 21. ueneranda regina et onmi laude dignissima sancta Maria magni regis mater potentissima. 22. singulis horis fehlt in Ar. 23. me educens.
24. et in bonum locum me posuit. 25. Haec autem ille frater ceteris fratribus innotuit. 26. nouerant(?). 27. per sanctam dei genitricem fehlt in Ar.
28. Von Unde colligitur bis seruire fehlt in Ar. 29. postquam haec uidit enarrauit. 30. hoc fehlt in Ar.

Varianten aus 12 Arundel 346. fol. 63 v. 2.: 1. De Jeronimo clerico.

In supranominata ciuitate Papia fuit² quidam clericus qui dicebatur³ Jeronimus. morum⁴ probitate ualde decoratus. Qui sanctae dei genitrici ualde placere studebat.⁵ uel salutando. uel horas canendo. uel etiam multis modis [fol. 123 v.] seruicium eius augendo.⁶ Accidit autem ut ciuitatis antistes diem obiret. et ecclesia sine rectore remaneret.⁷ Quamobrem collecti clerici cum senioribus urbis. statuerunt triduo ieiunium celebrari. ut ostenderet deus quem uellet episcopum fieri. Interea sancta dei genitrix⁸ cuidam uiro apparuit. eique dixit: Vade et dic populo ut accipiant meum cancellarium.⁸ᵇ et statuant eum ciuitatis episcopum.⁹ At ille dum percunctaretur quis esset eius cancellarius.⁹ᵇ respondit hunc esse qui uocabatur Jeronimus. quique esset in dei suoque¹⁰ seruitio die ac nocte strennuus.¹⁰ᵇ Euigilans ille¹¹ narrauit hoc¹² senioribus urbis. qui requirentes episcopum Jeronimum cum magno honore fecerunt ordinari episcopum. Sicque¹³ idem Jeronimus fauente genitrice¹⁴ Maria. episcopali honore sullimatus. in sanctitate deo et eius sanctae¹⁵ uirgini matri omnibus diebus uitae suae seruire studuit. et post haec feliciter obiens¹⁶ ad coelica regna migrauit.¹⁷

28 R. 4. 3 Eg. 1.
28 R. 7. 3 Eg. 7.
28 R. 13. 3 Eg. 13.
28 R. 15. 3 Eg. 17.
28 R. 23. 3 Eg. 24.
28 R. 33. 3 Eg. 33.
28 R. 43. 3 Eg. 39.
28 R. 52. 3 Eg. 47.
28 R. 59. 3 Eg. 55.

---

22 Cleop. C. X. fol. 123 v.—124 v. **Vom Blutwein zu Clusa.**
13 Arundel 346 fol. 64 r. 1—2. De lintheo.
4 Egerton 612 fol. 4 v. 2—5 v. 1.
29 Royal 20 B. XIV fol. 137 r. 2—137 v. 2.

---

22 Cleop C. X. fol. 123 v.: De lintheo candidato.¹

Sancti Michaelis archangeli nomine consecrata quaedam est² ecclesia quae Clusa ab incolis est nominata.³ ubi degit multitudo monachorum sub regula deo⁴ seruientium. Porro in regione illa⁵ habetur uinum. quod quasi sanguis ualde⁶ est rubicundum. De quo uino missam cantari consuetudo est ipsius ecclesiae.⁷ cauent enim de claro⁷ᵇ missam cantare. ne forte negligentia contingat pro uino⁸ aqua oblata. quae plerumque decipit similitudinis specie. Illud uero uinum. quod est sanguinei coloris. tantae est uirtutis. ut si effundatur⁹ super aliquod lintheum. ita eius inficiatur¹⁰ colore. ut iam aboleri nequeat¹¹ [fol. 124 r.] ulla ablutione. Habentur

29 R. 3. 4 Eg. 1.
29 R. 17. 4 Eg. 5.
29 R. 10. 4 Eg. 11.
29 R. 18. 4 Eg. 17.
4 Eg. 23.

---

2. In supradicta urbe fuit. 3. uocabatur. 4. morum fehlt in Ar. 5. ualde studebat. 6. uel salutando uel etiam seruicium eius multis modis agendo. 7. Accidit autem ut antistes ciuitatis abiret. et ecclesiam sine rectore emanere. 8. dei mater. 8b. cancelarium. 9. huius urbis episcopum. 9b. cancelarius. 10. suoque fehlt in Ar. 10b. Ar. strennuus. 11. autem ille. 12. hoc fehlt in Ar. 13. Sic quoque. 14. dei genitrice. 15. sanctae fehlt in Ar. 16. obediens(?). 17. ad coelos migrauit.

Varianten aus 13 Arundel 346. fol. 64 r. 1. 1. De lintheo. 2. quaedam est. 3. nuncupata. 4. deo fehlt in Ar. 5. illa regione. 6. ualde fehlt in Ar. 7. de quo fuit consuetudo missam cantare in ecclesia illa. 7b. de claro uino. 8. pro uino albo. 9. effudatur(?). 10. inficitur. 11. non possit.

quoque in[12] praefata ecclesia capsulae paruae intrinsecus panno lineo[13] circumseptae. unde corporales[14] post euangelium accipiuntur dum missa canitur. et ea peracta ibidem[15] reponuntur. Erat in ipsa ecclesia quidam iuuenis nomine Anselmus. sanctae dei genitricis seruitio tota mente deditus.[16] Hic ergo dum quadam die missa celebraretur. functus officio seruitoris. ablata corporali palla de capsula post euangelium ut moris[17] erat. casu effudit uinum[18] de quo missa cantari debebat intra capsulam. et statim lintheolum[19] quod intrinsecus erat ita tinctum est uino quod esse diximus rubei coloris.[20] quasi sanguine esset[21] infectum. Hoc euentu ipse[22] iuuenis ualde perturbatus[23] ignorabat quid[24] ageret. praesertim in conuentu[25] fratrum positus. Neque enim hora suppetebat ut posset quocunque modo ablui. et si ablueretur. non cicius posset exudari.[26] Itaque cantato sanctus[27] ut mos est post praefacionem missae. toto corde conuertit se ad dei genitricem exorans eam.[28] ut sicut ei placeret ex hac re daret ei consolationem.[29] Oratione uero[30] peracta. antequam sacerdos in missa diceret orationem dominicam.[31] respiciens in[32] capsulam. uidit lintheum[33] quod in fusione uini paulo ante colore sanguineo fuerat tinctum[34] ita effectum candidum. ut nulla unquam[35] candidatrix aliqua ablutione uel candidatione posset sic efficere fulgidum.[36] Quod praefatus iuuenis cernens gaudio gauisus est magno.[37] et ex tunc ardentius sanctam dei genitricem dilexit eique toto animo seruiuit. omnesque quos potuit in eius amorem[38] accendit. Hoc uero[39] miraculum dum a fratribus fuisset cognitum.[40] [fol. 124 v.] cum grandi laetitia deum et ipsam sanctam Mariam magnis laudibus ut decebat pro tali re glorificauerunt. et dei deinceps deuotius[41] seruierunt.

23 Cleop. C. X. fol. 124 v. **Der Blitz schlägt in eine Kirche ein.**
14 Arundel 346 fol. 64 r. 2. De incendio ecclesiae.
Fehlt in Egerton 612.
30 Royal 20 B. XIV. fol. 137 v. 2.

23 Cleop. C. X. fol. 124 v.: Quomodo ignis non combussit ymaginem eius.[1]

Est et alia quaedam ecclesia[2] in honore sancti Michaelis in monte qui dicitur Tumba. in periculo maris. In hac monachorum

12. in ipsa. 13. lineo panno. 14. corporales fehlt in Ar. 15. ibi. 16. in dei et sanctae eius genitricis Mariae seruicio deuotus. 17. mos. 18. et uinum. 19. lintheum. 20. quod esset ut supra diximus rubei coloris. 21. est. 22. ipse fehlt in Ar. 23. perturbatus est. 24. quod. 25. in conspectu. 26. ut possit emundari. 27. Ar. dreimaliges sanctus. 28. se conuertit ad sanctam dei genitricem exora[n]dam. 29. ex hoc redderet consilium. 30. uero fehlt in Ar. 31. antequam sacerdos diceret in missa dominicam orationem. 32. ad. 33. lintheolum. 34. intinctum. 35. unquam nulla. 36. possit efficere sic fulgidum. 37. gauisus est gaudio magno. 38. amore. 39. ergo. 40. cum a fratribus suis fuit recognitum. 41. deuotius deinceps.
 Varianten aus 14 Arundel 346 fol. 64 r. 2. 1. De incendio ecclesiae. 2. Est alia ecclesia.

multitudo sub regulari institutione famulatur domino.³ Contigit autem quodam tempore ut succenderetur ipsa⁴ ecclesia diuino iudicio. fulgure de coelo in eam⁵ cadente. Erat autem ibidem quaedam ymago.⁶ decenter ex ligno fabricata⁷ in sanctae dei genitricis Mariae⁸ ueneratione. habens super caput suum in modum mitrae candidum uelamen.⁹ Igitur cum peruenisset ignis ad locum¹⁰ ubi erat ymago illa. omnia quae circa erant¹¹ combussit. ipsam uero ymaginem quasi expauescens omnino intactam reliquit.¹² ita¹³ ut etiam uelamen candidum quod capite gestabat¹⁴ odore fumi non ualeret aliquatenus obscurari. Euasit etiam ab igne una scopa de pennis pauonis. quum erat innixum ipsi ymagini.¹⁵ Digna prorsus ostensio miraculi.¹⁶ quia illius ymaginem ignis tangere non ualebat.¹⁷ quae corpore et mente semper uirgo permanens. carnis concupiscentiam nullatenus sciuit. Sic ipsa sancta dei genitrix ymaginem suam ut diximus ab igne defendit. ostendens¹⁸ quod sibi seruientes ab igne auerni¹⁹ liberare facillime possit.²⁰

30 R. 25.

30 R. 34.
30 R. 38.

30 R. 40.

30 R. 62.

30 R. 70.

---

24 Cleop. C. X. fol. 124 v. **Vom Mönche zu Pisa.**
15 Arundel 346 fol. 64 v. 1. De clerico Sancti Casiani.
Fehlt in Egerton 612.
31 Royal 20 B. XIV. fol. 138 v. 1.

24 Cleop. C. X. fol. 124 v.: De clerico qui uxorem et omnia sua reliquit.¹

In territorio ciuitatis quae dicitur Pisa. erat quidam clericus ecclesiae sancti Cassiani canonicus. Hic sicuti de pluribus retulimus. sanctae uirgini Mariae mundi reginae serui- [fol. 125 r.] cium² deuota mente reddebat. Horasque diei quae tunc temporis a paucissimis dicebantur. in eius amore*)³ sedule decantabat. Cuius⁴ genitores cum⁵ morte interueniente ex hac luce migrassent. qui ualde nobiles et diuites⁶ fuerunt. dimiserunt ei magnam hereditatem. quia praeter illum alium non habebant heredem. Venientes itaque ad eum amici eius.⁷ insistebant ut rediret ad domum quam parentes ei reliquerant. et ducens uxorem gubernaret suam hereditatem.⁸ Qui praebens ei assensum.⁹ cum illis abiit. et ueniens ad possessionem parentum suorum. uxorem ducere instituit. Inter

---

3. deo. 4. eadem. 5. in eam fehlt in Ar. 6. Erat autem ibi imago quaedam. 7. facta. 8. Mariae fehlt in Ar. 9. habensque caput suum in modum mitrae uelamen.(?) 10. Igitur ignis ad locum cum uenisset. 11. quae circa eam erant. 12. reliquit in Ar. fälschlich 2 mal geschrieben. 13. ita fehlt in Ar. 14. quod gestabat in capite. 15. Euasit etiam ab igne iuxta flabellum dependens pauonis quum erat immixtum(?) ipsi imagini. 16. Digna prorsus ostensa sunt miracula. 17. ualuit. 18. ostendit. 19. aeterno. 20. potest.
Varianten aus 15 Arundel 346. fol. 64 v. 1. 1. De clerico sancti Casiani. 2. sanctae Mariae angelorum et mundi reginae seruicium. 3. honorem. 4. huius. 5. cum fehlt in Ar. 6. diuites et nobiles. 7. Venientes autem amici eius ad eum. 8. hereditatem suam. 9. assensum eis.(?)
*) In Hs. Cleop. unterstrichen und honorem darüber gesetzt.

haec uero coepit segnior esse in seruicio quod solebat reddere sanctae Mariae. Quadam ergo[10] die dum[11] ad celebrandas nuptias coniugis quam sibi eligerat[12] tenderet. in itinere deuenit ad quandam ecclesiam. et recordatus seruicii soliti[13] sanctae Mariae. rogauit socios ut se paululum expectarent.[14] dicens se uelle in ecclesia orandi gracia pergere.[15] Ingressus itaque ecclesiam. horas sanctae Mariae intenta mente coepit cantare.[16] Cumque socii eius monerent eum ut acceleraret. nequaquam inde gressum mouere uoluit. donec omnes horas explicaret.[17] Adhuc autem[18] eo in ecclesia persistente. apparuit ei sancta dei genitrix Maria dicens ei uoce seuera:[19] O inique et stultissime[20] cur me dereliquisti cum tua amica essem. et declinasti in alterius amorem?[21] Nunquid alteram inuenisti me meliorem?[22] Moneo te ne dimittas me. ne me contempta alteram coniugem ducas.[23] His uerbis ille nimis perterritus ad socios rediit.[24] et[25] simulans se ueraciter uxorem ducere uelle. ex more [fol. 125 v.] nuptias cum grandi gloria celebrauit.[26] Nocte uero sequenti ingressus cubiculum quasi cum uxore pausaturus. ignorantibus cunctis clam domum egressus. tam uxorem quam cuncta[27] quae habere poterat[28] reliquit. et ut creditur locum dei seruicio et sanctae genitricis eius aptum quaerentes. quo abierit[29] uel quo fine defecerit hactenus[30] sciri non potuit. Nemo tamen debet[31] ambigere. quod[32] ipsius sanctae coeli reginae sit protectus usque in finem munimine. pro qua se hortante[33] totum mundum studuit[34] relinquere. deo opitulante cui gloria sine fine. Amen.

---

25 Cleop. C. X. fol. 125 v. **Frau Murieldis von Fécamp.**
16 Arundel 346 fol. 65 r. 1. De muliere Mulielde.
Fehlt in Egerton 612.
32 Royal 20 B. XIV. fol. 139 v. 2.

---

25 Cleop. C. X. fol. 125 v.: Quomodo mulier amissum recuperauit sensum.[1]

Miraculum me referre[2] non piget minimum quidem quantum ad grande sanctae dei genitricis meritum.[3] sed tamen et magna

---

10. uero. 11. cum. 12. elegerant. 13. soliti fehlt in Ar. 14. rogabat suos socios ut eum paululum expectarent. 15. ad ecclesiam illam causa orandi pergere. 16. in ecclesiam. cepit horas sanctae Mariae deuota mente cantare. 17. Cumque monerent ut acceleraret mouere uoluit ingressum donec totas horas cantaret. 18. autem fehlt in Ar. 19. et ei seuera uoce dixit. 20. stultissime homine. 21. Illa q... alt... unleserlich amorem. 22. Nunquid quem habes meliorem? 23. ne me derelinquas et ne me contempta alteram uxorem ducas. 24. et his uerbis nimis territus ad socios suos rediit. 25. et fehlt in Ar. 26. uxorem ducere. itaque ex more nuptias celebrauerunt cum grandi laetitia. 27. omnia. 28. potuit. 29. et sanctae dei genitricis aptumque quo abierat. 30. discesserit actenus. 31. debebat. 32. quod non. 33. operante. 34. statuit. 35. cui est honor et gloria in saecula. Amen.

Varianten aus 16 Arundel 346 fol. 65 r. 1. 1. De muliere Mulielde. 2. ferre. 3. ad sanctae Mariae meritum.

et minima referri miracula ad laudis eius cumulum. nulli debet esse onerosum⁴ quae est refugium⁵ et recuperatio perditorum. Quaedam mulier nomine Murieldis coniunx cuiusdam militis uocabulo Rogerii filii Wimundi.⁶ manens prope Fiscannum. uidit quadam nocte in sompnis se portare quoddam uexillum. quod⁷ colore sanguineo erat tinctum. Hoc autem uidit cum esset grauida pignore filii. quem postea habuit. Euigilans autem a sompno. sensum perdidit continuo. et coepit aliena loqui ualde mirante uiro suo.⁸ Post paululum⁹ uidebatur sibi Christianam fidem quam hactenus habuerat. inter mamillas suas¹⁰ esse. et inde continuo exire. Sic diabolus eam ludificabat. cuius animam uenari cupiebat. Amici itaque eius consternati magno merore. pro tanto infortunio quod uidebant ei acci- [fol. 126 r.] disse.¹¹ assumentes eam duxerunt¹² per loca sanctorum. si forte optinerent ei sanitatis gaudium.¹³ Pernoctauit etiam¹⁴ in ecclesia sanctae Trinitatis apud Fiscannum.¹⁵ sed sancta trinitas scilicet in tribus personis unus deus. nec tunc uoluit sanitatem tribuere ei.¹⁶ quia salutis eius donum reseruabat sanctae reginae coeli beatae uidelicet dei genitrici.¹⁷ Post haec facta¹⁸ ei aqua benedicta a pluribus presbiteris multis exorcismis adiurata. multis benedictionibus roborata. in quam dum fuisset mersa. ita est de¹⁹ infirmitate deterior facta. ut multo magis laboraret²⁰ insania capitis magna. Peracto autem²¹ anni circulo postquam in infirmitatem deciderat. appropinquante solennitate purificationis²² sanctae Mariae. perducta est ad quandam ecclesiam in honorem ipsius sanctae Mariae dei genitricis conditam.²³ quae in medio grandis siluae olim ut fertur constructa a Graecis.²⁴ dissimilis est²⁵ ualde aliis ecclesiis. satis congrua ad habitandum heremitis. Ipsa²⁶ ergo cum pernoctasset in iam dicta solennitate meritis eiusdem sanctae dei genitricis. ita sana effecta est. ac si unquam nichil mali habuisset.²⁷ Nam et sensum quem amiserat ei ex integro rediit. et sanitatem capitis plenissime recuperauit.²⁸ Unde tam ipsa quam uir eius et ceteri amici. laudem retulerunt deo et sanctae eius genitrici.²⁹ Deprecamur itaque karissimi piissimam matrem domini nostri Jesu Christi. ut nobis peccatoribus tam praeclara eius merita ex animo uenerantibus. dignetur optinere mortalium criminum ueniam. quae in praedictis miraculis multis seruis

---

4. sed tamen et magna et minima ad laudis eius cumulum referre miracula ulli debet esse honerosum. 5. refugium miserorum. 6. Rogeri filii Guimum. 7. quod fehlt in Ar. 8. ualde uiro suo mirante. 9. paulum. 10. suas fehlt in Ar. 11. euenisse. 12. portauerunt eam. 13. salutis remedium. 14. autem. 15. sanctae trinitatis Fiscannis. 16. ei tribuere sanitatem. 17. sanctae Mariae reginae celi dei omnipotentis genitrici. 18. est. 19. ex für de. 20. saluaret. 21. autem fehlt in Ar. 22. appropinquante purificacione. 23. in honore sanctae Mariae conditam. 24. a Graecis constructa. 25. est fehlt in Ar. 26. Iti für Ipsa. 27. eiusdem sanctae uirginis effecta est ita sana ac si nunquam nil mali habuisset. 28. quem amiserat ex integro recepit et capitis sanitatem. 29. et ceteri amici eius eidem sanctae dei genitrici et gloriosam uirginem laudem retulerunt. Der Rest von Deprecamur an fehlt in Ar.

suis efficacem ostendit [fol. 126 v.] misericordiam. assit ipsa in omnibus uitae nostrae periculis protectrix. omnibus suum dulcissimum nomen inuocantibus quae est mater misericordiae in hora exitus festina auxiliatrix. et in die iudicii contra omnes aduersariorum impetus potentissima defensatrix. praestante unigenito eius filio domino nostro Jesu Christo. qui cum patre et spiritu sancto uiuit et regnat deus per immortalia saecula saeculorum. Amen. Explicit Liber Secundus.

26 Cleop. C. X. fol. 126 v. **Einleitung zu Buch III.**
5 Zeilen Einl. in 21 Arundel 346 fol. 66 v. 2.
33 Royal 20 B. XIV. fol. Einl. zu Lib. III der Hs. fol. 140
v. 2. Etwa 16 Verse.

Incipit liber tertius. Ad excitanda corda humilium ut percipiant gaudio coelestium. sub breuitate sermonis ut in prouerbio dicitur. in paucis constringere multa de Maria matre saluatoris quaedam descripturus sum miracula. quae a uiris spiritualibus praelibata sunt nostris auribus.

Judenverfolgung zu Toledo.
De cerea ymagine et ultione perfidorum Judaeorum.

In urbe toletana cum ab archiepiscopo in die assumptionis beatae Mariae uirginis missae solennia agerentur. et a populo preces domino deuotissime funderentur. intra ipsius missae secreta. quaedam uox elapsa de coelo audita est diuinitus. quae de filio suo unico tocius mundi saluatore. uerberibus et conuiciis ac demum morte crucis a iudaico populo male uexato sic conquesta est: Heu heu quam inanissima et inmanissima probatur esse perfidia iudaicae mentis? Heu quam dira calamitas. quod intra mei nati ouilia signata signaculo salutiferae crucis mundi redemptoris manet et regnat insania iudaicae gentis? Quae meum unicum filium lumen et salutem fidelium iam saeculo conuiciatur. et crucis supplicio mortificare conatur. Haec cum intentione sedula cordis. So schliesst 26 Cleop. C. X. auf fol. 126 v. am Ende unvollständig. da in der Hs. Cleop. C. X. zwischen fol. 126 und 127 eine Lücke ist. Glücklicherweise ist die Geschichte jedoch in Hs. Arundel 346 als 21 Arundel vollständig enthalten und 26 Cleop. kann deshalb aus 21 Arundel ergänzt werden.

Der Text der letzteren lautet:
21 Arundel 346 fol. 66 v. 2. **Judenverfolgung zu Toledo.**
26 Cleop. C. X. fol. 126 v. De cerea ymagine et ultione perfidorum Judaeorum.
11 Egerton 612 fol. 15 r. 2—fol. 17 r. 1. (38 Verse Einleit.)
34 Royal 20 B. XIV. fol. 140 v. 2. (16 Verse Einleit.)

21 Arundel 346 fol. 66 v. 2: De cerea imagine.

5 Zeilen Einleitung: [fol. 67 r. 1] Ad excitandum humilium corda ut percipiant gaudia celestia sub breuitate sermonis ut in prouerbio dicitur in paucis constringere multa. Magna mater saluatoris quoddam de scripturis miraculum quod auribus spiritualibus praelibatum est meis auribus(?) narrabo. In urbe teletona cum ab episcopo in die assumptionis sanctae Mariae uirginis missae solempnia celebrarentur a populo preces domino deuotissime funderentur. inter ipsius missae secreta uox de celo elapsa diuinitus audita est. quae de filio suo mundi tocius saluatore uerberibus et conuiciis ad demum de morte crucis a iudaico populo perfido male uerberato sic conquesta est: Heu heu quam manifesta et immanissima probatur esse iudaicae gentis perfidia? Heu quam dira calamitas quod intra dei mei nati mundi redemptoris crucis salutiferae signaculo signati gregis ouilia manet et regnat insania iudaicae gentis quae meum unicum filium. lumen. salutem fidelium. iam saeculo conuiciatur et crucis supplicio mortificare conatur. Haec cum intentione sedula cordis intimis pleps non minima percepisset. nec obliuioni perpetuae sed memoriae spirituali deitate superne uiuificante tradidisset. archipraesulis omniumque sibi communi consilio decretum est prudenter et sollicite perquirerent. Sicque factum est. Quibus itaque domos pontificis intrantibus. et sinagogam. et per domorum abdita nequid actum fuisset a Judeis prae timore cum inquirerentur circumdantibus. inuenta quaedam est imago cerea quam quasi uiuentem ad Christianae professionis et fidei dedecus spinis. colaphis. ac morte crucis perimi desiderabant. [fol. 67 r. 2.] Inuenta a Christianis imagine dolum et perfidiam Judeorum fraudulentorum deleucrunt ipsosque Judeos eadem hora neci tradunt. Veneremur omnes dignissimam Mariae dei genitricis excellentiam integritatem uirginitatis et opem salutiferam misericordiae adiuti per eius unicum filium generis humani reformatorem collati saluti quae quasi filii sui passionem saeculo male mollitam a Judeis perfidis doluit et dolendo per scriptam passionem plebem Christianam docuit et a demonum humani generis inimicorum fraudibus liberari uoluit. Sic nos suae pietatis affectu filii sui sinu repraesentat beatissimo. et a perpetuo gehennae infernalium incendio liberauit. p. [s. s.]

Da nach meinen Untersuchungen auf pag. XVIII der Afr. Biblioth. Bd. 9 zwei Legenden in der Lücke zwischen fol. 126 und

127 der Hs. Cleop. C. X. gestanden haben, die den Legenden 22 und 23 Arundel, sowie 12 und 14 Egerton und 35 und 36 Royal 20 B. XIV entsprechen würden, so drucken wir hier auch 22 Arundel und 23 Arundel ab, um für 12 und 14 Egerton Entsprechendes zu haben:

22 Arundel 346 fol. 67 r. 2. Vom „Mal des ardents".
Muthmasslich nicht in Cleop. C. X. Nach 26 Cleop.
12 Egerton 612 fol. 17 r. 1—fol. 18 r. 1.
35 Royal 20 B. XIV. fol. 141 v. 2.

22 Arundel 346 fol. 67 r. 2: De languido ardente.

Sacro sancta sanctae Mariae dei matris praeconia quae proferre conamur pronis intencionibus. non autem arrogantiae temeritatibus. sed liciosis praesumptionibus sponsa Christi catholica suscipiat ecclesia. per cuius misericordissima et pergloriosa patrocinia filius suus Jesus infirmorum languorum. quae in urbe inuaria gracia sanitatis a Christo per suae matris sancta suffragia quam pluribus inpertiretur fortuitu. Quidam languidus et ardens in uno pede ad ecclesiam praedictam fugiens uenit. Qui sanitatis promerendae toto conatu mentis efflagitare cupiebat. Cumque per plurimorum dierum circulum diucius ibi moraretur nec sui desiderii magnum quid uel medicum impetrasset pedem ardentem a crure separauit. quia malebat abesse quam uitae suae diebus omnibus in ardoris languore sic esse. Post non multum temporis cum praedictus infirmus in ecclesia beatae Mariae uirginis esset. et prae tristicia lacrimaretur lacrimando conquereretur. conquerendo Matrem piam [fol. 67 v. 1] deprecaretur. deprecando uoce miserabili his uerbis subscriptis sic usus est: O domina piissima perhennis uirgo Maria. cur solus ego homuncio confidens in tua patrocinia a te matre miseriarum derelictus sum. Alii graciam sanitatis promeruerunt. ego solus abiectus sum. Heu me miserum quae me lacinia*) errantem a tramite traxit ad deuia? Doleo quod factus sum aduena a beatissima dei genitrice Maria protectrice misericordissima et saluatrice pia. Cumque talia et his similia ab illo fuissent prolata. naturali deditus sompno requieuit. Hic autem cum soporaretur uisio quaedam preclarissima quasi feminea terrenis corporibus incorperalis apparuit. quam confidenter credimus ipsam saluatoris matrem fuisse. quae leuiter per cruris inferiorem partem. et eius inscissionem manum suam deducebat. Eo tempore nempe uigilante pedem quam pro dolore a cruris compage separauerat. sanitati pristinae per misericordiam dei et matris eius pietatem restauratum inuenit. et inuento gratulando et cum pedibus ambulando saluatorem eiusque matrem benedixit. Amen.

12 Eg. 8. 35 R. 23.
12 Eg. 14. 35 R. 37.
12 Eg. 17. 35 R. 49.
12 Eg. 21. 35 R. 63.
12 Eg. 33. 35 R. 73.
12 Eg. 39. 35 R. 89.
12 Eg. 68. 35 R. 105.
12 Eg. 84. 35 R. 121.
12 Eg. 96. 35 R. 145.

* Hs. laciuia.

23 Arundel 346 fol. 67 v. 1. **Vom jungen Mädchen Namens Musa.**
Hat muthmasslich in Cleop. C. X. gestanden.
14 Egerton 612 fol. 20 r. 1.
36 Royal 20 B. XIV. fol. 142 v. 2.

23 Arundel 346 fol. 67 v. 1. De puella Musa nomine.

36 R. 6.
14 Eg. 1. Non est silendum quod probus dei famulus de sorore sua nomine Musa. puella parua narrare consueuit dicens quod quadam nocte ei per uisionem sancta dei genitrix uirgo Maria apparuit.
36 R. 30.
14 Eg. 11. atque coeuas in albis uestibus puellas ostendit quibus cum illa appeteret amisceri sese eis iungere non auderet. beatae Mariae semper uirginis est uoce requisita an uellet [fol. 67 v. 2] cum eis
36 R. 31.
14 Eg. 17. esse atque in obsequio eius uiuere. Cui cum puella eadem diceret uolo. ab ea protinus mandatum accepit ut nichil ultra leue ac
36 R. 36.
14 Eg. 23. puellare ageret. a risu et iocis abstinere sciens per omnia quod inter easdem uirgines quas uiderat ad eius obsequium die XXX^{mo}
36 R. 50.
14 Eg. 29. perueniret. Quibus uisis in cunctis suis moribus puella mutata est. omnemque leuitatem puellaris uitae magna grauitatis manu
36 R. 56.
14 Eg. 35. detraxit. Cumque eam parentes eius mutatam esse mirarentur.
36 R. 60.
14 Eg. 41. requisita eis rem retulit: Quid sibi beata dei genitrix iusserit. et quo die itura esset ad obsequium eius indicauit. Cum post
36 R. 72.
14 Eg. 45. XXV dies febre correpta est. die autem XXX^{mo} cum eius transitus propinquasset. eandem dei genitricem cum puellis quas cum
36 R. 90.
14 Eg. 54. per uisionem uiderat ad se uenire conspexit. cum se etiam uocanti respondere cepit. et depressis uelociter oculis aperta uoce cla-
36 R. 95.
14 Eg. 57. mauit: Ecce domina uenio. Ecce domina uenio. In qua etiam uoce emisit spiritum. et ex uirgineo corpore abitura cum sanctis uirginibus exiuit fruitura gaudia perpetua cum Christi uirginis fama.

24 Arundel 346 fol. 67. v. 2—68 r. 1. **Maria am Bette des Kranken.**
15 Egerton 612 fol. 20 v. 1—21 r. 1.
27 Cleop. C. X. fol. 127 r.—127 v. (Anfang fehlend.)
Fehlt in Royal 20 B. XIV.

24 Arundel 346 fol. 67 v. 2: De quodam infirmo.

15 R. 1. Sicut iterum audiui fuit quidam infirmus qui infirmitatis doloribus multum grauatus iam non ad aliud ualebat intendere
15 Eg. 4. nisi quomodo Jesu Christo eiusque matri sanctae Mariae animam suam potuisset commendare. quatinus cum de corpore exiret. per illorum misericordiam et penas dampnacionis euaderet. et ad
15 Eg. 10. gaudia eternae felicitatis transiret. Cum itaque de obitu suo sic sollicitus existeret. et quid potissimum agere potuisset anxius inuenire nesciret. apparuit ei nostra pia domina sancta Maria.

eumque interrogauit si eam cognosceret? Respondit uero ille: se 15 Eg. 17.
illam non [fol. 68 r. 1] cognoscere. Protinus ergo dulcissima
mater*) misericordiae et pietatis. et si ipse misericordiam filii sui
et suam fideliter requireret. procul dubio inueniret. Ex his itaque
uerbis matris misericordiae ille infirmus consolatus. obitum letus 15 Eg. 33.
et securus expectabat. fideliter credens quod mater Christi eius
animam susciperet. cum de ergastulo carnis exiret. eamque ad 15 Eg. 41.
eternae felicitatis gaudium duceret. Quod cum Christi mater
misericordiae et pietatis existat.

27 Cleop. C. X. fol. 127 r.—127 v. **Maria am Bette des Kranken.** Siehe 24 Ar. p. 54 zur Ergänzung.

Die am Anfange unvollständige Erzählung bietet folgendes:
27 Cleop. C. X. fol. 127 r: .... mater uidelicet misericordiae et
pietatis. Et si ipse misericordiam filii sui et suam fideliter requireret. sine dubio illam inueniret. Ex his itaque uerbis matris
misericordiae ille infirmus consolatus. obitum suum laetus et securus expectauit. fideliter credens quod mater Christi eius animam
exciperet cum de carnis ergastulo exiret. eamque ad gaudia
aeternae felicitatis duceret. Quod uero sancta Maria mater Christi
mater misericordiae ueraciter existat. testatur etiam psalmista cum
de domino Jesu Christo filio eius scribit ita dicens: Deus meus
misericordia mea. Cum itaque Christus sit misericordia nostra
eiusdemque misericordiae sancta Maria mater existat. non debemus
desperare ne nos adiuuet in necessitatibus nostris. quae ipsam
misericordiam nostram genuit. Hanc misericordiam expertus est
ille Theophilus**) ille perditus et diabolo etiam sub cyrographo
commendatus. quod cyrographum mater misericordiae ei restituit.
cum eius auxilium fideliter postulauit. De hoc Theophilo quis
fuit uel quid fecit. uel quali miraculo mater misericordiae eum
liberauit. ideo hic scribere nolui. quia hoc notum fere omnibus
esse noui. In cuius ergo Theophili poenitentia. et in suprascripti
clerici gaudio. quod cotidie dum uixit matri misericordiae sicut
retulimus annuntiabat. et in protectione quam ei fecit eadem mater
misericordiae cum in fine multitudo daemonum eius animam capere
uolebat et trahere ad aeterna tormenta. intelligimus et ueraciter scimus. si ex toto corde matrem misericordiae diligimus.
quod quicquid ab ea racionabiliter postulabimus. faciet nobis pro
eius amore filius eius dominus noster Jesus Christus. qui sicut
multi dicunt pro nulla [fol. 127 v.] alia causa est ipse filius eius
et illa mater eius. nisi ut misericordiam faciant miseris et peccatoribus.

---
*) An dieser Stelle setzt die am Anfange unvollständige Erzählung
27 Cleop. fol. 127 r. wie hier folgt ein.
**) Am Rande steht: de quo supra pleiq fol. 123.

28 Cleop. C. X. fol. 127 v.—128 r. Vom wunderthätigen Marienbilde.
25 Arundel 346 fol. 68 r. 1. De quadam ymagine Sanctae Mariae.
Fehlt in Egerton 612.
Fehlt in Royal 20 B. XIV.

---

28 Cleop. C. X. fol. 127 v: De ecclesia quam apostoli emerunt.[1]

In Libia ciuitate[2] quae proxima est ciuitati quae uocatur Diospolis.[3] est ymago sanctae dei genitricis semperque uirginis Mariae.[4] quae non est[5] facta manu hominum. sed[6] quasi picta supra marmor[7] in figura quasi uiua in carne[8] sit. Vestimenta autem[9] eius quasi purpurea sunt. Quae ymago[9b] est in ecclesia quam sancti apostoli precio emerunt[10] a Judaeis. in quam[11] utebantur synagoga et[12] in honore sanctae dei genitricis dedicauerunt. quae modo est domus episcopi. Inuidentes autem Judaei quod sancti apostoli de sinagoga eadem domum dei fecissent. et Christum in ea praedicassent. uenerunt ad Caesarem qui tunc illo tempore praeerat.[13] uolentes reddere precium apostolis et recipere ipsam domum et reaedificare sinagogam.[14] Vocatis autem[15] apostolis ad Caesarem uenerunt ante eum.[16] et interrogauit eos propter quam causam hoc fecissent? Post interrogationem uero dixerunt apostoli: Nos benefecimus aedificantes domum. quam emimus in honore saluatoris domini nostri Jesu Christi. Tunc praedictus Caesar praecepit Judaeis et apostolis ut sigillarent utrique[17] hanc domum. et obseruarent dies quadraginta ut deus manifestaret cuius esse deberet. Ascendentes autem apostoli[18] in montem Syon[19] ubi beata uirgo Maria adhuc uiuens in carne morabatur. rogauerunt eam dicentes: Tu beata uirgo[20] obsecra Christum filium dei dominum nostrum Jesum Christum[21] quem secundum carnem tu mater genuisti. ut secundum suam misericordiam[22] in hanc domum[22b] quam primum omnium in suo nomine [fol. 128 r.] dedicare curauimus. ad praedicandum uerbum ipsius ut[23] nobis concedere dignetur. Respondens igitur beata uirgo Maria. beato Petro ait: Ite et nolite turbari. quia ego uobiscum sum in ipsa ecclesia in adiutorium. Transactis autem diebus quadraginta.[23b] conuenerunt simul apostoli et Judaei ad praedictam ecclesiam. et inuenerunt ueluti reliquerant

---

Varianten aus 25 Arundel 346. fol. 68 r. 1. 1. De quadam ymagine Sanctae Mariae. 2. In Libia etenim ciuitate. 3. Diospolis. 4. est imago quaedam dei genitricis sanctaeque uirginis Mariae. 5. est fehlt in Ar. 6. set. 7. in marmore. 8. corpore. 9. autem fehlt in Ar. 9b. imago. 10. emerunt precio. 11. qua. 12. et fehlt in Ar. 13. quod sancti apostoli de sinagoga fecissent ecclesiam. uenerunt ad Caesarem qui illo tempore praeerat. 14. ut reedificarent sinagogam. 15. autem fehlt in Ar. 16. illum. 17. utique(?). 18. Accedentes apostoli. 19. super montem Syon. 20. Tu beata uirgo Maria. 21. obsecra dominum filium tuum. nostrum Jesum. 22. suam magnam misericordiam. 22b. in domum hanc. 23. ut fehlt in Ar. 23b. quadraginta diebus.

ipsam domum signatam.²⁴ Statim²⁵ coepit beatus Petrus apostolus domum hanc²⁶ scopis mundare. Tunc unus ex Judaeis aspiciens in parictem. uidit ymaginem in occidente²⁷ positam. respicientem contra orientem.²⁸ Diu autem attentius aspiciens Judacus ipse.²⁹ dixit: Vere mulier est in hac³⁰ domo. Haec³¹ uerba alii Judaei audientes. et ipsam ymaginem³¹ᵇ respicientes. dixerunt: Vere. haec est ipsa Maria. Tunc beatus Petrus apostolus seorsum respiciens. uidit ipsam ymaginem³¹ᶜ et dixit: Vere haec est ipsa Maria. et dei genitrix. Et audientes Judaei turbati sunt. Et prae timore abierunt inde³² dicentes: Iam³³ quia Maria est in hac domo. nequaquam intrare debemus. Postea uero Julianus qui persecutor ecclesiae³⁴ fuerat. inter cetera mala quae faciebat. praecepit Judaeis ut uenientes tollerent ipsam ymaginem.³⁴ᵇ et expellerent ipsam ymaginem marmoream. atque sibi offerre studerent.³⁵ Qui abeuntes³⁶ uoluerunt ipsam figuram de ipsa ymagine separare.³⁷ sed uidentes faciem ipsius ymaginis.³⁸ prae timore reliquerunt eam. Et dimissa usque in hodiernam ibi uenerabiliter perseuerat.³⁹

---

29 Cleop. C. X. fol. 128 r.—128 v. **Vom Marienbilde zu Gethsemane.**

Fehlt in Arundel 346 im Texte, obwohl sie auf dem Titelblatte der Hs. als Nummer 26 angegeben.
Fehlt in Egerton 612.
Fehlt in Royal 20 B. XIV.

29 Cleop. C. X. fol. 128 r: De quadam ymagine.

In sancta Gethsemani quae est inter Jerusalem et montem [fol. 128 v.] Oliueti in medio posita ubi monumentum beatae Mariae adest. ubi ipsa sepulta fuit. sunt ibi columpnae uirides quatuor. Super unam de his columpnis in sinistro latere posita est ymago. quasi Christum filium dei in manibus portans. Quae tantam habet claritatem sicut speculum. Quae manibus hominum non est facta. neque depicta. sed primum apparuit in ipso lapide quasi picta. et ualde ibidem pro amore Mariae ueneratur.

---

30 Cleop. C. X. fol. 128 v.—129 r. **Vom Juden zu Constantinopel.**

Fehlt in Arundel 346.
37 Egerton 612 (incl. 37 b.) fol. 67 r. 2—68 r. 1.
56 Royal 20 B. XIV. fol. 162 v. 2.

---

24. et conuenerunt ueluti reliquerunt ipsam domum signatam. 25. Statim autem. 26. hanc domum. 27. Ar. iocundam für in occidente. 28. ad orientem. 29. conspiciens ipse Judeus. 30. ista. 31. Quae. 31b. imaginem. 31c. imaginem. 32. inde fehlt in Ar. 33. Jam fehlt in Ar. 34. ecclesiarum. 34b. imaginem. 35. et expellerent de ipso marmore atque offerre sibi studerent. 36. Illi qui abierunt. 37. de ipso marmore separare. 38. illius imaginis. 39. usque in hodiernum diem uenerabiliter ibi perseuerat.

30 Cleop. C. X. fol. 128 v.: Quomodo nusquam comparuit qui ymaginem sanctae Mariae dehonestauit.

De illa autem uere incontaminata uirgine Maria oportunum putamus simpliciter caritati uostrae quod de eius sancta imagine conscriptum comperimus explicare. iuxta eorum narrationem qui inibi ubi contigit didicerunt. et redeuntes indubitanter scriptum derelinquerunt. In urbe namque Constantinopolitana Judaeus quidam imaginem beatae dei genitricis Mariae in tabula breui figuratam. et in pariete domus cuiusdam affixam conspiciens. interrogauit cuius haec propriae figura esset faciei. Cui a quodam respondente dicitur. quod esset sanctae Mariae uirginis figura. Quod ille audiens infelix Judaeus et incredulus. diabolo instigante eandem de pariete ualde iratus tulit imaginem. et ad uicinam cucurrit domum ubi humana stercora egeri solent. idemque imaginem sanctam ob Christi ex Maria nati dehonorationem in stercus proiecit. et ipse desuper sedens per idem foramen aluum purgauit super toracidem beatae Mariae. et post illam turpissimam uentris purgationem. ille infelicissimus homo discessit. Qui postea digna et ignominiosa consumptus est [fol. 129 r.] morte. quia in fine nusquam comparuit. Unde credendum est ut cito pro scelere quod in Christum matremque eius commiserat. maligni spiritus uiri manciparetur. qui hominum subtraheretur obtutibus. Igitur post illius maligni spiritus discessum. quidam Christianorum plebe superuenit qui zelum dei habuit. Intellexit itaque quod factum fuerat. imaginemque sanctam requisiuit et inter sordes absconditam repperit.

37 Eg. 1.
37 Eg. 8.
37 Eg. 9.
37 Eg. 23.

---

31 Cleop. C. X. fol. 129 r.—131 r. **Vom ertrunknen Mönche.**

Siehe ähnliche, kürzere Version 10 Cleop. C. X. Oben.
Fehlt in Arundel 346.
8 Egerton 612 fol. 10 r. 2—13 r. 1.
Fehlt in Royal 20 B. XIV.

---

31 Cleop. C. X. fol. 129 r.: Quomodo clericum a daemonio eripuit.

Erat igitur quidam clericus nomine Nonus uita irreligiosus. officio functus. sed religiosis operibus ualde destitutus. Mentis etenim leuitati corporis impudiciciam socians iuxta psalmistae uocem sicut equus et mulus effectus. ardenter incestui seruiebat. Inerat itaque ei consuetudo nocturnis horis pro perficiendo suae libidinis scelere per amnem quandam transire. et diabolico opere expleto per eandem aquam ad proprium habitaculum redire. Moris autem inerat ei licet flagitiosus existeret. horas de beatissima dei genitrice Maria utcunque decantare. Quadam igitur nocte dum more solito nephario opere expleto ad propria remearet. subito

8 Eg. 15.
8 Eg. 20.
8 Eg. 25.
8 Eg. 31.
8 Eg. 35.

tempestas exoritur. eique in fluctibus constituto mortem minatur.
Ingenti igitur quod mirandum non est timore percussus. turbatur 8 Eg. 40.
animo. et bipharia pressus miseria. quo se uertat ignorat. Con- 8 Eg. 48.
scientia se intus accusat. nec aliud quam aeterna post mortem
promittit tormenta. et tempestas exterius saeuiens solum uitae
dispendium praefert. Oculis tandem ad coelum cum lacrimis 8 Eg. 51.
erectis: O inquit singulare post deum refugium te inuoco o uitae 8 Eg. 53.
germina uirgo. et beatissima mater filii dei [fol. 129 v.] domina
mea Maria. subueni misero. succurre perituro. Recordare quia 8 Eg. 63.
etsi secus quam deberem uixerim. tui memoriam uenerandam cele-
brare non neglexi. Dixit. et ad mentem reuocans quum necdum 8 Eg. 67.
laudes nocturnas de eadem uirgine quam inuocauerat persoluisset.
statim eas coepit decantare. Et ueniens ad inuitatorium quod in
salutatione angelica sumptum est. dum saepius illud iuxta morem 8 Eg. 73.
uellet repetere. continuo illud in ore tenens aquis interceptus
uitam finiuit. Animae itaque illius maligni spiritus obuiam ueni- 8 Eg. 77.
entes. eam ad inferni claustra perducendam rapere festinant.
Angeli autem de supernis nichilominus accedentes. quid facere 8 Eg. 81.
cuperent tetros interrogant spiritus. Quibus illi: Hunc inquiunt
clericum per omnia nostrum. ad nostra uenimus perducere tormenta. Dignum est enim ut nobiscum ardeat in poena. qui ad 8 Eg. 85.
creatoris iniuriam nobis semper oboediuit in culpa. Ad haec coe- 8 Eg. 91.
lestes spiritus respondentes: Non aiunt ut uos putatis uostris hic
est tradendus tormentis. Et daemones: Nullus ei alius inquiunt 8 Eg. 97.
quam infernalis super est locus. cum in tota uita sua nil aliud
quam nostra opera sit secutus. Inter haec beatis spiritibus atque 8 Eg. 101.
daemoniis sic altercantibus beatissima dei genitrix et perpetua
uirgo Maria uelut solis claritas splendens accedit. ac principes
tenebrarum huiuscemodi redarguit uerbis: Quid inquiens apud 8 Eg. 105.
hunc filii mei sanguine redemptum eiusque fide signatum quaeritis?
Cur clericum meum calumpniari ausi estis? Cui daemones respon- 8 Eg. 111.
dentes dixerunt: Hunc tuum esse nescimus. [fol. 130 r.] quem
nichil operis nisi nostrum fecisse cognouimus. Filii tui praecepta 8 Eg. 115.
contempsit. nostris operibus semper adhaesit. solo nomine Christianus extitit. Si enim humilitatis magistrum coluit. quare superbus
permansit? Si castitatis auctori seruiuit. cur incestus perseuerauit? 8 Eg. 121.
Si filius tuus iustus est. hunc tam iniustum suo nunquam regno 8 Eg. 125.
ditabit. Ad haec beata uirgo: Filius meus inquit iustitiam suam 8 Eg. 141.
nunquam amittet. sed quemadmodum iustus. ita et misericors
praedicatur. Et in hoc eius est iustitia gloriosa. quum semper est 8 Eg. 153.
misericordiae sociata. Quum autem dignum non est me uobiscum
diutius disputare. ad filii iustum iudicium ueniamus. Ad examen 8 Eg. 159.
igitur aeterni iudicis cum peruenissent. statim maligni spiritus miserum accusare coeperunt. Hunc aiunt semper operibus tuis ini- 8 Eg. 163.
micum fuisse. innumera eius flagitia manifestant. Nam usque ad 8 Eg. 167.
finem uitae impudicus perseuerans. et coeteris malis quae illud
uicium comitari solent plenus existens. nostris semper suggesti-
onibus oboediuit. et ad ultimum nostris seruiciis intentus. spiritum
exalauit. Tunc gloriosa dei mater et uirgo: Insurrexerunt inquit 8 Eg. 173.

8 Eg.	181.	testes iniqui. et mentita est iniquitas sibi. Jam prorsus amisistis. quem totum uobis reputabatis. Nam si ut uos asseritis uostro seruicio intentus emisit spiritum. ora eius aperiantur. et quid
8 Eg.	189.	lingua*) in mortis confinio egerit uideatur. Mira dei ac beatae
8 Eg.	197.	genitricis eius ac perpetuae uirginis miseratio.**) Aperto etenim ore clerici. repertum est in lingua eius quod moriens cantauerat. beatae salutationis priuilegium scriptum: Aue Maria gracia plena.
8 Eg.	204.	dominus tecum. Quid agis diabole? Quid stupes? Quid [fol. 130 v.]
8 Eg.	209.	siles? Sic tua taciturnitas te uictum demonstrat. Quid tumenti
8 Eg.	214.	liuoris insanie torqueris? Hic te tuum fefellit mendacium. Jam ab eo confusus discede. quem nimis impudenter inuasisti. Dic iam miserrime si tecum tamen dignum est disputare. quid tam infestus
8 Eg.	219.	existis generi humano? Nunquid tibi humana natura malum persuasit? Si ipsa tibi persuasisset ut contra creatorem tuum super-
8 Eg.	231.	bires. iure illi irasci uidereris. Sed hoc illa tibi non fecit. tua enim te iniquitas strauit. tua te superbia dum nimis impudenter in sullime erigeret. dampnabiliter in profundum inferni deiecit.
8 Eg.	233.	Ac per hoc irrecuperabiliter cecidisti. quia tu iniquitatem tuam
8 Eg.	239.	inuenisti. tu tibi causa ruinae fuisti. Humana uero natura quam tanta crudelitate persequeris. iccirco uenialiter corruit. quia non
8 Eg.	243.	sua primitus adinuentione sed tua impia sugestione peccauit. Vt quid igitur illius saluti inuides? Cur eius dampno pasceris? Nun-
8 Eg.	250.	quid leuius cruciaberis. quando multiplicatis sociis ardebis? Immo acriora sustinebis tormenta. quia pro omnibus quos Christo subtrahere conaris. si te etiam non sequantur. diuini iudicii intolerabilem experieris uindictam. Sed his iam omissis. quod coepimus
8 Eg.	254.	finiamus. Maligno igitur spiritu cum propria confusione proiecto. beata
8 Eg.	259.	dei genitrix et perpetua uirgo Maria conuersa ad clericum: Uides ait in qua districtione fueris. quam prope aeternis periculis exti-
8 Eg.	263.	teris. Nunc ergo secundum quod de te a filio meo impetraui. ad proprium reuertere corpus. et qualiter tibi deinceps uiuendum
8 Eg.	271.	sit diligenter attende. Reuersus igitur in [fol. 131 r.] corpus est. at quemadmodum iterum talem districtionem incidere expauit. uitam suam de reliquo emendare curauit. Aue gloriosa domina. Jesse proles inclita. Aue beata uirgo Maria. aula dei dignissima. quae sensu perditos ad mentem reuocas. nos frequentibus uiciorum aculeis obstrictos. et a semita mandatorum Christi saepius progressos. ad tramitem recti itineris sancti spiritus gracia recreatos reduc semper et idoneos. sicque in tuo sancto seruitio deuotos extrema dies illa tremenda non imparatos inueniat. nosque tuae indicibilis pietatis gloria hic et in aeternum a daemonum truculenti facie protectos. gloriosi sponsi et sponsae castissimae dulcioribus melle amplexibus iunge. Amen.

---

*) Nach lingua ist in der Hs. Cleop. ein Wort radirt. Am Rande steht illius.

**) Am Rande: Vere mater misericordiae. uere m[ater] pietatis nominatur.

32 Cleop. C. X. fol. 131 r.—132 v.: **Vom Mönche und vom Teufel als Ochs, Hund und Löwe.**
Fehlt in Arundel 346.
9 Egerton 612 fol. 13 r. 1—14 v. 1.
44 Royal 20 B. XIV. fol. 151 v. 1—152 v. 1.

32 Cleop. C. X. fol. 131 r.: Quomodo a terrore daemonis ter monachum liberauit.

Olim fuit quidam monachus in quadam monachorum congre- 9 Eg. 1.
gatione. quem domina nostra sancta Maria suum familiarissimum 44 R. 9.
esse tali modo dignata est ostendere. Contigit namque aliquando 9 Eg. 5.
credo instin[c]tu diaboli illum in cellario tantum bibisse. ut puta- 44 R. 27.
retur fere omnino sine sensu esse. Ex quo cum aduesperascente 9 Eg. 11.
iam die ita imbutus exiret. ac uersus ecclesiam per claustrum 44 R. 36.
tenderet. uisus est ei diabolus in specie cuiusdam mirae magnitu-
dinis tauri occurrere. ipsumque de suis cornibus uelle transfodere. 9 Eg. 16.
Tunc ecce quandam puellam decora facie ac super humeros diffusa 9 Eg. 21.
cesarie. ante illum repente tenentem in sua manu dextra quandam 44 R. 57.
niueam mapulam uidit astare. Quae ipsum increpans diabolum. 9 Eg. 26.
cur erga suum famulum talia ageret. iussit [fol. 131 v.] ut cito 44 R. 64.
discederet. nec ei quicquam mali amplius facere praesumeret. His 9 Eg. 31.
dictis. disparuit terror daemonis. et uisio pulcherrimae uirginis. 9 Eg. 35.
Denique cum ceptum iter perageret. et ecclesiae propinquaret. 44 R. 68.
daemon quasi canis uehemens et nimis terribilis ex improuiso 9 Eg. 39.
contra illum prosiliit. Sed praedicta puella ut ante ei apparuerat 9 Eg. 43.
praesens affuit. ipsumque daemonem procul ab illo repellens 44 R. 73.
liberum abire fecit. Sicque discessit diaboli fantasia. et puellae 9 Eg. 49.
illius uisio pulcherrima. Tandem ecclesiam quam petebat. pro 9 Eg. 54.
daemonis expulsione et uirginis consolatione securior intrat. Quo 44 R. 75.
intrante. adest iterum humani generis inimicus terribilior quam 9 Eg. 55.
prius. uelut leo inmanissimus aduersus eum rugiens et impetum 9 Eg. 60.
faciens. quasi eum eadem hora esset deuoraturus. At uero puella 9 Eg. 63.
quae primo et secundo eum liberauerat. cicius quam ei aliquid
mali faceret accucurrit. et de uirga quam in manu gestabat haec 9 Eg. 71.
dicens ipsum diabolum acriter uerberauit: Quia mihi oboedire 44 R. 93.
noluisti. haec ad praesens recipere meruisti. Sed si ad eum redire
amplius ausus fueris. hic et in aeternum maiora sustinebis. Itaque 9 Eg. 77.
uersipellis diabolus tribus uicibus deuictus. immo et uerberibus 9 Eg. 83.
affectus. statim ut fumus euanuit. nec ultra ibi comparuit. Postea 44 R. 102.
quidem puella. monachum per manum accepit. Qui ilico conua- 9 Eg. 85.
luit. et quasi nichil bibisset. in suum sensum rediit. Et sic tenens
manum eius cum ipso pedetentim perrexit. et usque ad lectum 9 Eg. 91.
suum per gradus qui intererant eum deduxit. Ubi simul ambo 44 R. 106.
peruenientes. puella lectum discooperuit. monachum intus collo-
[fol. 132 r.] cauit. caput ipsius super eius capitale suauiter recli- 9 Eg. 99.
nauit. ac signum crucis in eius frontem impressit. et ait: Crastina 44 R. 119.
die illum monachum tali nomine uocitatum tibi bene notum ut
socium. mihi autem ob suum seruicium amicum ueracissimum. te

iubeo requirere. atque illi puram confessionem facere. Et quaecunque tibi iusserit. uide ne differas adimpleri. Tunc monachus ualde iam exhilaratus. satis humiliter ut ita dicam nutrici respondit taliter: O uirgo dulcissima tibi amodo toto corde oboedire desidero. et quodcunque iusseris adimplere non differo. Sed quaeso si placet ut tuo mihi seruulo prius indices quam a me discedas. quaenam es tu quae mihi impendis tanta beneficia. Ad haec illa se Mariam matrem dei nominat. A quo facta cum non erat. sicut cuncta fuerant. (sic) Per quem suos ipsa seruos sic saluare poterat. Qua ille uoce cum magna cordis laetitia medullitus audita. labiis caritatis illius totus in feruorem dulcedinis ipsius gloriosae matris domini succensus. manus in altum cum ardore fidei concitus eleuat. eamque tenere et ei pedes osculando congaudere. atque ut suam saluatricem et domini sui matrem adorare nititur et amplecti. Sed mater domini casta. mater uidelicet misericordiae et pietatis. spes humilium et consolatio miserorum. quum eidem magnum iam per se impenderat beneficium. dum ab illo teneri creditur repente altius euolat. nitidiorque rosa inter coeli lucifera lucidior ipsa se recepit palatia. Ille uero qui haec uiderat. immo et audierat. pro tantis sibi collatis beneficiis deo eiusque almae matri graces reddidit innumeras. et post modum [fol. 132 v.] eam modis*) omnibus coepit amare feruentius. et ei seruire deuotius. Similiter et ille qui eius confessionem recepit. cum omnibus ad quod[?] istud miraculum fama diuulgante peruenire potuit. Quod et nos fratres karissimi ad quos illud miraculum peruenit uera relatione cum magna hilaritate omni seposita excusatione debemus facere. ut in omnibus nostris necessitatibus ipsius subuentionem mereamur accipere. Et hoc nobis indignis per ipsius Mariae uirginis merita sine fine proueniat. hic et in aeterna uita. Amen.

33 Cleop. C. X. fol. 132 v.—133 r. **Maria unterrichtet einen Priester in den Horen.**
Fehlt in Arundel 346.
10 Egerton 612 fol. 14 v. 1—15 v. 2.
Fehlt in Royal 20 B. XIV.
33 Cleop. C. X. fol. 132 v.: Quomodo docuit cantare completorium.

Quidam religiosus uir erat qui sanctam dei genitricem ualde diligebat. ac eius seruicium praeter completorium nimis diligenter cotidie decantabat. Quadam nocte per uisionem ipsa mater misericordiae apparens ei. quid ageret suus capellanus inquisiuit. Ille quippe non parum tremens ac stupens. satis humiliter respondit dicens: Quis est mea de quo dicis domina? At illa inquit: Te ipsum esse scito. quem mihi deseruire non denego. Sed aliquan-

---

*) Am Rande steht auf fol. 132 v. Cleop. Oben: Falsa Miracula falsae Dominae.

tulum mihi negligens uideris esse. qui completorium meum non
uis cantare. Quibus auditis uir ille ac nimio percussus terrore se 10 Eg. 21.
culpabilem clamans. ac deinde supplex ueniam petens. respondit
dicens: O carissima domina tuis praeceptis libentissime uolo oboe- 10 Eg. 25.
dire. et quod dicis me neglexisse deuotissime cupio adimplere.
si tantummodo pro tua dulcissima pietate me uelis docere quo
ordine hoc secundum tuam uoluntatem possim complere. Ad haec 10 Eg. 35.
illa: In primis inquit ut mos est: Conuerte [fol. 133 r.] nos deus
salutaris noster debes incipere. Postea antiphonam: Completi 10 Eg. 39.
sunt dies Mariae. Psalmos: Cum inuocarem. et in te domine. 10 Eg. 43.
Qui habitat in adiutorio. et ecce nunc benedicite. Capitulum: Ecce
uirgo concipiet et pariet filium. Responsorium: Sancta dei genitrix 10 Eg. 50.
uirgo semper Maria. Intercede do pro nobis ad dominum deum
nostrum. Ymnum: Virgo singularis. Vitam praesta puram. Sit
laus deo patri. Versus: Aue Maria. Antiphonam: Ecce completa 10 Eg. 55.
sunt omnia. Psalmum: Nunc dimittis seruum tuum domine.
Collectam: Deus qui de beatae uirginis Mariae utero. 10 Eg. 60.

---

34 Cleop. C. X. fol. 133 r.—134 v.: **Heilung des vercancerten Mundes des Mönches.**
37 Arundel 346 fol. 68 r. 2. De monacho curato.
13 Egerton 612 fol. 18 r. 1—20 r. 1.
41 Royal 20 B. XIV. fol. 148 v. 2—149 v. 2.

---

34 Cleop. C. X. fol. 133 r.: Quomodo sacro lacte aegri
sanauit ulcera.[1]

Frater quidam qui in cenobio quodam militabat coelorum 13 Eg. 1.
domino. dei matri tanquam et filio decreuerat seruire sedulo. 41 R. 5.
Cum conuentus illa finierat quae cantare consueuerat. coram ara 13 Eg. 4.
solus hic aderat. herae suae soluens quod nouerat.[2] Die uero per 13 Eg. 9.
horas singulas post expletas[3] horas canonicas. gloriosae Mariae 41 R. 25.
proprias decantabat laudes et gracias. Multo quidem hoc egit 13 Eg. 12.
tempore. non negligens sed deuotissime. donec quadam tentus 41 R. 30.
grauedine[4] non ualebat debitum reddere. Morbus quippe nimium 13 Eg. 15.
affluus ora guttur extra interiusue occupauerat. ut neque uocibus 41 R. 42.
neque cibis pateret aditus.[5] Sed et partes totius corporis intra 13 Eg. 20.
breue spacium temporis. uidebantur quasi exanimis.[6] tanta erat 13 Eg. 25.
uis aegritudinis. Praeualente dolore febrium. uir dei laborabat 41 R. 50.

Varianten aus 27 Arundel 346 fol. 68 r. 2. 1. De monacho curato.
2. Erat quidam frater in cenobio. qui militabat celorum domino. [fol. 68
v. 1.] deique matri tanquam et filio deuouerat seruire sedulo. Coram altari
hic solus aderat. ore suo soluens quod nouerat. 3. completas. 4. tentus
quadam grauedine. 5. Morbus quidem affluus guttur totum interritus occu-
parat. ut nec uocibus nec cibis patere (?) aditus. 6. intra breue temporis
uidebatur quasi exanimis.

nimium.[7] ut dicerent circumstantium quidam:[8] Iste iam reddet
spiritum.[9] Cuius rei audito nuntio. totus conuentus adest ilico.[10]
et pro fratre ut morti proximo. flent et orant unguentes [fol. 133 v.]
13 Eg. 33. eum[11] oleo. Expletis his[12] coeperunt psallere. ut in tali mos est
13 Eg. 37. discrimine.[13] admirantes[14] tam diu uiuere. quem nec flatum uidebant
13 Eg. 41. trahere.[15] Oculorum defecto lumine desierant[16] moueri palpebre.
13 Eg 45. iam pallore infecta facie. membra mortis rigebant frigore. In aera[17]
consperso cinere festinabant fratres externere[18] cilicium. uti a cor-
13 Eg. 49. pore egressio fieret animae. Dicebatur fere ab omnibus: Heu
quam male multum tardauimus. non habentes quod opus est istis
13 Eg. 53. apparatibus. Num uidetis quia est mortuus. Interea cunctis ulu-
lantibus. et pro boni fratris excessu uoces lugubres emittentibus.
13 Eg. 55. en causa uniuersalis pietatis beata scilicet uirgo Maria gloriosa
mater misericordiae sui capellani mota suspiriis. indigne fert illum
13 Eg. 61.
41 R. 62. tali diutius languore uexari.[19] Dum enim haec fiunt a fratribus.
ecce interea felix illa puerpera nullis uidentibus excepto eo qui
moriebatur se collocat iuxta eius cubicula. speciosa nimis in ueste
13 Eg. 67. candida. Et ut sibi uidebatur suae admota fronti dextra. loque-
41 R. 63. batur secum talia:[20] Mi[21] dilecte quid facis? Nimia attritus es
13 Eg. 73. diu[22] molestia. Iniustum est. ut his doloribus te patiar[23] uexari
41 R. 79.
13 Eg. 77. amplius. quem et ego et meus filius[24] tam deuotum nobis con-
41 R. 83. speximus.[25] Ego mater misericordiae capellano meo succurrere huc
adueni.[26] nunc ad me respice.[27] euades optime. Res miranda. et
cunctis prioribus saeculis inaudita. Nam ut sibi uidebatur ipsa
41 R. 94. mater pia quae est miserorum miseratio.[28] materna extrahens quasi
13 Eg. 135. e sinu ubera. quae circa os erant utputa uisum [fol. 134 r.] con-
41 R. 107. fortatus a matre domini mox caput erigit. nec iam aeger a lecto
prosilit. et medicam dum nusquam respicit. eui[gi]lans haec fra-
13 Eg. 139.
41 R. 123. tribus intulit: Hic affuit?[29] regina gloriae seruum suum me saluum
facere. et uos ei nil reuerentiae exhibentes peccastis utique dum
13 Eg. 147.
41 R. 127. uidistis quid michi faceret. et neglexistis parare ubi recumberet.[30]
13 Eg. 151. Et putans quod ipsi similiter sicut ipse uiderat uisionem uidissent.

---

7. laborabat uir dei nimium. 8. ut dicerent quidem circumstantes. 9. iste
reddit spiritum. 10. mox occurit tota conuentio. 11. eum fehlt in Ar.
12. His completis. 13. ut talis mos est in discrimine. 14. ammirantes.
15. quem uidebant non flatum trahere. 16. desiderant(?). 17. area. 18. ex-
trahere. 19. Die ganze Stelle 19 von non habentes bis uexari fehlt in Ar.
20. Dum haec fiunt. ecce interea felix illa peruenit Maria. Quid opus istis
paratibus non uidetis quia est mortuus. Se collocat iuxta cubilia pulcra
nimis in ueste candida et admota ad frontem dextra loquebatur cum egro
talia: 21. Mei. 22. diu fehlt in Ar. 23. patior. 24. filius meus. 25. cognouimus. 26. capellano meo ueni succurrere. huc adueni. 27. nunc ad me
respice. ne timeas. 28. Die ganze Stelle von Res miranda bis miseratio
fehlt in Ar. 29. Extrahens ex sinu ubera sacro lacte rigebat ulcera. quae
circa os erant perhorrida. Post hoc statim discessit domina. prius quidem
adiecit paululum hic nunc habet praemium ob impensum mihi seruicium
possessurus eternum praemium. Nam qui meo seruire filio studuent et
mihi sedulo. securi sint de facti praemio uita uiuent quae caret termino.
Eger uero mox caput erigit iam eger a lecto prosulit. et medicum nusquam respicit euigilans fratribus intulit: Hic affuit etc. 30. peccatis utique.
Dum uidistis quid mihi faceret non sperantes ubi recumberet.

ait: Heu me miserum qui non fui ualens saluatrici meae parare 13 Eg. 155. aliquod sedile pulcherrimum. quae mihi inmerito tantae sospitatis impendit solatium.³¹ Si enim³² tumultus uoster non fieret. non 13 Eg. 161. tam cito forsan non discederet.³³ Fratres uisos*) quod sic sur- 13 Eg. 163. rexerat.³⁴ quem defunctum quisque putauerat. terror ingens omnes praeoccupat. ignorantes quod factum³⁵ fuerat. Verba fratris nullus 41 R. 139. perpendit.³⁶ tantus quemque stupor inuaserat. psalmodiae uox nulla resonat. qui nunc flebat. prae metu trepidat. Interea recuperata 13 Eg. 173. 41 R. 143. uirtute aeger in se rediit. et quid erga se factum sit recognoscit. atque fratribus recitat per ordinem sicut res contigerat. sicque mentes eorum reuocat.³⁷ Superfluum est nobis quaerere si quas 13 Eg. 179. laudes de tanta uirgine studuerunt hii³⁸ tunc exercere. qui uide- bant fratrem dilectum quem mortuum putauerant sanis menbris uiuere.³⁹ Benedicta sit talis domina. quae sic suis fert medica- 13 Eg. 185. 41 R. 145. mina. ipsa nobis sit⁴⁰ propitia. donans nobis uitae remedia. Nati sui suosque seruulos a peccatis faciat liberos. nosque per cuncto- rum dierum curricula suis obsequiis reddat idoneos.⁴¹ Deo pura nos habitacula. aptet mun- [fol. 134 v.] dos**) ab omni macula. ut⁴² post huius uitae⁴³ curricula. gaudeamus secum in saecula. Eius ope. eius antidoto.⁴⁴ mundo salus rediit perdito. ipsi laus una cum suo glorioso filio.⁴⁵ honor uirtus atque⁴⁶ iubilatio. amen amen quis- quis es dicito.

---

35 Cleop. C. X. fol. 134 v.—135 v. **Drei Soldaten tödten einen Mann in der Kirche.**
18 Arundel 346 fol. 65 v. 1. De uiro interfecto a tribus militibus.
Fehlt in Egerton 612.
52 Royal 20 B. XIV. fol. 160 r. 2—160 v. 2.

---

35 Cleop. C. X. fol. 134 v.: De praesumptione trium militum et ultione eorum.¹

Sicut ex tam² relatis de sancta dei genitrice pluribus mira- culis³ intelligere possunt legentes. cuique⁴ eandem sanctam Mariam magnae pietatis esse utpote matrem misericordiae. erga eos maxime qui ei deuoti student existere. sic etiam sciendum est in contemp-

---

31. Die ganze Stelle von Et putans bis solatium fehlt in Ar. 32. enim fehlt in Ar. 33. non tam cito forsan recederet. 34. Fratre uiso quod sic sur- rexerat. 35. factum fehlt in Ar. 36. perpenderat. 37. Nach trepidat liest Ar.: At tunc ille in se redierat et quid factum sit eis recitat. per ordinem sicut contigerat sicque mentes eorum reuocat. 38. hii. 39. qui uidebant mortuum uiuere. 40. fiat. 41. nosque suos per dies famulos obsequiis faciat idoneos. 42. ac. 43. uitae huius. 44. Eius opere eiusque auxilio. 45. ipsi una semper cum filio. 46. et.

*) In Hs. zuerst uieo. Später ist ein s angehängt.
**) Am Rande auf fol. 134 v. Oben steht: The false Miracles off oure lady.

Varianten aus 18 Arundel 346 fol. 65 v. 1. 1. De uiro interfecto a tribus militibus. 2. Sicud ex iam. 3. miraculis pluribus. 4. quique.

tores eam non parum asperam plerumque fore.⁵ Ad quod ostendendum. referamus quod scimus nostris temporibus gestum. Tres quidam⁶ milites cum odio haberent quendam uirum⁷ et quaererent occidere eum. inuenta opportunitate⁸ sine amicorum praesidio reperientes illum.⁹ impetum fecerunt ut interficerent eum.¹⁰ At ille concitus fugit in ecclesiam santae Mariae nomine consecratam. si forte ob reuerentiam ei¹¹ posset imminens¹² euadere periculum sibi ac mortem.¹³ Illi uero crudeles irreuerenter ingressi ecclesiam.¹⁴ absque ulla miseratione peremerunt illum¹⁵ coram altari. Ob quam rem commota est aduersus eos sancta uirgo Maria.¹⁶ et mox ulciscente deo tantam praesumptionem. accensi sunt igne. qui singulorum membra uehementer coepit comburere.¹⁷ Qui diuinam super se¹⁸ sentientes ultionem. nimio dolore coacti. ad deprecandam eandem sanctam dei genitricem¹⁹ quam multum offenderant cum magna cordis contricione sunt conuersi. Quorum [fol. 135 r.] precibus placata ipsa uirgo sancta quae est semper pietate repleta.²⁰ clementer liberauit²¹ eos ab igne quo urebantur largiente deo. non tamen ex toto sanitas²² reddita est.²³ Statim autem ut pergere ualuerunt episcopum adierunt. quid egissent uel quid sibi²⁴ accidisset narrauerunt. et ab eo poenitentiam sibi dari poposcerunt. Quibus ipse episcopus indicens poenitentiam. arma quibus uirum peremerant loco poenitentiae prout sibi uisum est eis imposuit. uidelicet ut indesinenter ea²⁵ super se ferrent et congrue poeniterent. donec deo et sanctae genitrici eius²⁶ satisfacerent. Qui poenitentia suscepta. ab inuicem separati a solo proprio discesserunt. et plurimo tempore uictum quaerendo per diuersa loca iter egerunt. E²⁷ quibus unus cum²⁸ uenisset ad quandam nuncupatam Ansfridi uillam secus fluuium Itonam²⁹ sitam. accessit ad cuiusdam mulieris quae Emma uocatur domum.³⁰ ubi tunc forte eramus causa petendi elemosinam. Is itaque narrauit nobis seriatim quae ei contigisse³¹ suisque sociis supra retulimus. et ut magis fidem audientibus³² faceret. coram nobis se expoliauit. et³³ suo gladio quo uirum memoratum percusserat³⁴ se ad nuda corporis cinctum ostendit. Qui gladius ut³⁵ perspeximus non parum erat³⁶ latus. sed tumore iam distense carnis³⁷ admodum coopertus. Adiecit etiam sibi diuinitus intimatum.³⁸ ut ad quandam ecclesiam sancti

---

5. in contemptores eius asperam esse. 6. quidem. 7. cum haberent quendam uirum odio. 8. et quaererent illum interficere multa oportunitate. 9. eum. 10. ut illum interficerent. 11. eius. 12. imminens fehlt iu Ar. 13. periculum et mortem. 14. irruentes ecclesiam ingressi. 15. eum. 16. commota est sancta uirgo Maria erga eos. 17. igne qui singulorum membra uehementer coepit comburere. 18. super se fehlt in Ar. 19. ad precandam sanctam Mariam dei genitricem. 20. ipsa uirgo sanctaque pietate repleta. 21. liberat. 22. In Ar. nur sa. Das nitas vergessen. 23. reddita est eis. 24. eis. 25. ea fehlt in Ar. 26. sanctae eius matri. 27. Ex. 28. dum. 29. Itonan. 30. ad cuiusdam mulieris domum quae Emma uocabatur. 31. Is itaque nobis quae contigissent seriatim narrauit. 32. audientibus fidem. 33. et fehlt in Ar. 34. percusserat memoratum. 35. uti in Ar. 36. cinxerat für erat. 37. iam tumore distente carnis. 38. diuinitus sibi nuntium.

Laurentii properaret. ibique misericordiam sibi fieri[39] in proximo a deo speraret. His dictis et accepta elemosina. protinus discessit ab eadem uilla. Sed libet paululum[40] intueri maximam dei benignitatem. et eius sanctae geni- [fol. 135 v.] tricis[41] erga istos homines. qui cum grauiter deliquissent in dominum. grauiter quidem eos ad momentum[42] uerberauit. sed tamen perdere noluit. immo ad poenitentiam reuocauit et spem[43] perpetuae saluationis eis tribuit. Dicet forte aliquis: Quare sancta uirgo Maria[44] non defendit uirum. qui confugit ad eius ecclesiam? Haec dicens. perpendat quia sicut quidam sapiens ait: Occulta sunt iudicia dei.[45] et ideo temere ea discutere non debemus.[46] At tamen nemo fidelis debet ambigere. supradictum uirum[47] non frustra sanctae genitricis praesidium expetisse. Legimus siquidem de sanctis aliquibus. quia in talibus periculis magis uoluerunt liberare animam quam corpus.[48] Liberatio uero corporis ad animae liberationem. sic est quasi momentum ad aeternitatem. Quanto magis sancta dei genitrix uel praefatum hominem uel quemcunque uoluerit potest liberare ab aeterna morte. quae quicquid ei placuerit ualet a domino deo filio suo impetrare.[49] Ergo[50] debemus credere. quod animae saepe dicti[51] hominis. qni forte exigentibus culpis meruerat perimi. quocunque modo ipsa domina uoluit misericordiam impendit. sicut omnibus ad se confugientibus toto corde facere non desinit. Quam etiam nos[52] oremus ut nobis a domino filio dei et suo optineat[53] ueniam. cui cum deo patre in aeternum sit gloria.[54] Amen.

36 Cleop. C. X. fol. 135 v.—136 v. **Eulalia-Legende.**
Fehlt in Arundel 346, Egerton 612 und Royal 20 B. XIV.
36 Cleop. C. X. fol. 135: Quomodo monuit morosius pronuntiari angelicum aue.

37 Cleop. C. X. fol. 136 v.—137 v. **Athelstan-Legende.**
19 Arundel 346 fol. 66 r. 1. De habundantia potus.
33 Egerton 612 fol. 63 v. 1—64 v. 2.
54 Royal 20 B. XIV. fol. 161 v. 2.

37 Cleop. C. X. fol. 136 v.: De habundantia potus ad prandium regis.[1]

Asserunt antiqui relatores Britanniam dictam maiorem ad distantiam minoris quae partes [fol. 137 r.] incolit occidentis fore

---

39. ibique sibi misericordiam fieri. 40. paulum. 41. et sanctae genitricis eius. 42. admodum. 43. spem. 44. sancta Maria. 45. dei iudicia. 46. et non discutere debemus temere. 47. At tamen nemo ambigat supradictum uirum. 48. uoluerunt animam quam corpus liberare. 49. a domino filio suo liberare.(?) Hinter liberare steht in Ar. impetrare. 50. Ergo uere. 51. anima supradicti. 52. nos fehlt in Ar. 53. a domino filio suo optineat. 54. cui cum deo patre et spiritu sancto sit honor in aeternum.

Varianten aus 19 Arundel 346 fol. 66 r. 1. 1. De habundantia potus.

prae omnibus terris opulentam. omnibus diuitiis refertam. ac nobilitatam urbibus. castellis et uicis. et ut praediximus nulla ei regio similis in diuiciis.² In hac igitur regione sicut relatione fidelium didiscimus. erat quidam uicus nomen cuius³ a cordis memoria excidit. qui in possessione cuiusdam matronae forte diuidebatur. eratque ut autumno ad excipiendos⁴ reges prae coeteris aptior. Haec namque⁵ matrona stirpe nobili sata.⁶ nimio affectu menteque sincera matrem misericordiae honorabat ac diligebat.⁷ cui iugi obsequio deseruiebat. Amabatur siquidem a rege ac uenerabatur.⁸ in cuius edicula saepissime⁹ hospitabatur. cunctique obtimates¹⁰ eam nimio amore ac honore excolebant. quam perpendebat omni religioni¹¹ deditam. Quodam¹² namque tempore contigit rege ad domum ipsius ueniente res talis fieri:¹³ Rege ut dictum est ueniente. praecesserunt regii nuntii siue¹⁴ ministri. qui praedictae matronae regis nuntiarent aduentum.¹⁵ Aduentu regis itaque audito.¹⁶ confestim illa suis praecepit. ut euntes perquirerent in domum cellariam¹⁷ ne forte aliquid deesset. quod ad usum regis congruum foret. At illi jussa jubentis implentes.¹⁸ regressi continuo nuntiant dominae. plurimam copiam potus in apotheca se inuenisse.¹⁹ Veruntamen ibidem parum medonis habebatur. quod ad usum regalis prandii minime sufficeret. Cumque illa audisset talia. ignorans quid ageret. nimium [fol. 137 v.] facta anxia. spem in deo siue in beata dei genitrice ponens.²⁰ coepit exorare illam.²¹ ut illi subueniret in hac necessitate. Nam ante sanctum eius ueniens altare. talia coepit submurmurare:²² O domina omnium. miserere mei quaeso et subueni mihi celerius²⁴ in hac anxietate.²⁵ et obtine apud Christum tuis sacris precibus.²⁶ ut potu multiplicato deinceps ualeam²⁷ permanere in tuo seruicio. Haec dicens rediit continuo fiduciam habens. quod beata uirgo non sineret diu eam manere²⁸ in hoc examine. Confestim uero regem uenientem²⁹ gratulabunda excepit. eique in cunctis ex suis habundanter³⁰ ministrauit. potuque sufficienter refecit. Erat enim res nimis uidentibus³¹ miranda: Quia quanto plus tota ipsa die³² acci-

---

2. Miserunt aliqui legatores in maiorem Britanniam dictam. s. maiorem a distentia minoris quae partis incolit occidentis [fol. 66 r. 2.] forte prae omnibus terris opulentam omnibus diuiciis refertam. et nobiliorem urbibus. castellis. uicis. et ut supra diximus. ulla ei regio similis est in diuiciis. 3. cuius nomen. 4. aestimo ad accipiendos. 5. autem. 6. stirpe nobili erat sata. 7. et diligebat in Ar. 8. honorabatur. 9. saepe. 10. optimates. 11. regione.(?) 12. Quondam. 13. contigit regi ad domum illius uenienti res talis fieret. 14. uel. 15. nuntiarent regis aduentum. 16. Aduentu itaque regis audito. 17. cellariam fehlt in Ar. 18. At illius iubentis uisam[?] implentes. 19. dominae plurimam copiam potus se inuenisse in apotheca nunciant. 20. facta est anxia. spem in deum siue in beatam Mariam ponens. 21. illam exorare. 22. Nam ante sanctum altare eius talia submurmurare coepit. 23. omnium fehlt in Ar. 24. celerius fehlt in Ar. 25. necessitate. 26. et obtine apud deum tuis sacris precibus. 27. ualeam deinceps. 28. permanere. 29. uenientem fehlt in Ar. 30. habundantiis vor habundanter. 31. erat res uidentibus. 32. die ipsa.

piebatur[33] ex illo uase unde bibebant. tanto magis habundabat. Pro hoc ita[34] facto. reddidit illa deo sanctaeque matri eius[35] laudes. quae cum eodem filio suo[36] uiuit et regnat in saecula saeculorum.[37] Amen.

[33] Eg. 90.
[54] R. 71.

---

38 Cleop. C. X. fol. 137 v.—138 v. **Elsinus-Legende.**
20 Arundel 346 fol. 66 v. 1. De conceptione sanctae Mariae.
22 Egerton 612 fol. 39 r. 2—40 r. 2.
42 Royal 20 B. XIV. fol. 149 v. 2—150 v. 2.

38 Cleop. C. X. fol. 137 v.: Quomodo iussit conceptionem celebrari.[1]

Tempore[2] quo Normanni Angliam inuaserunt. erat quidam abbas Elsinus nomine. constitutus in ecclesia sancti Augustini Anglorum apostoli. in qua ipse requiescit[3] coeterique successores sui.[4] Angliam autem subiectam Normannis audientes Daci[5] arma praeparant. ut ad eiciendos eos[6] ab Anglia conuenirent. Cumque talia dux potentissimus Normannorum Willelmus audisset.[7] Elsinum[8] supradictum abbatem accersitum in Daciam destinauit. ut inquireret si huius rei fama uera esset an falsa. At ille concitus in Daciam uenit. perac-[fol. 138 r.] turus iussa regis. atque se obtutibus praesentauit regis. deferens ei munera missa a rege Juillelmo.[10] ibique detentus est tempore non paruo. Postquam ibi fecisset[11] multum temporis. petita a rege licentia redeundi accepit. mareque ingrediens cum sociis ueloci cursu peruolat aequora ponti. Cumque sic cum[12] quiete nauigarent. ecce subito tempestas ualida in mari exorta est. et cum spes salutis siue euadendi abesset. conuersi ad dominum sic flagitabant auxilium: O deus potentissime[13] miserere nostri in hoc examine. ne maris tempestate absorti. sociamur[14] in poenis aeternis. Cunque talia et multa similia perorassent. ecce subito quendam conspiciunt uirum pontificatus infula decoratum[15] proximum naui. qui conuocans ad se Elsinum[16] abbatem his eum uerbis affatur: Si periculo maris cupis euadere. si in propriam uis sanus redire.[17] promitte mihi coram deo. quia conceptionis matris Christi diem solenniter[18] celebrabis ac obseruabis. Tunc ille: Quomodo inquit

22 Eg. 3.
42 R. 5.
22 Eg. 31.
42 R. 15.
22 Eg. 35.
42 R. 26.
22 Eg. 39.
42 R. 34.
22 Eg. 47.
42 R. 45.
22 Eg. 55.
42 R. 51.
22 Eg. 75.
42 R. 62.
22 Eg. 87.
42 R. 65.
22 Eg. 90.
42 R. 71.
22 Eg. 102.
42 R. 79.
22 Eg. 110.
22 Eg. 117.
42 R. 95.
22 Eg. 123.
42 R. 104.
22 Eg. 131.
42 R. 114.

33. accipiebat. 34. itaque. 35. eius matri. 36. cum suo filio. 37. per omnia saecula saeculorum.

Varianten aus 20 Arundel 346. fol. 66 v. 1. 1. De conceptione sanctae Mariae. 2. Eo tempore. 3. quiescit. 4. eius. 5. Angliam autem subiectam audientes Daci Normannis. 6. arma praepararent ut eicientes eos. 7. Cumque potentissimus dux Normanorum audisset Willelmus. 8. Aelfsinum. 9. ad Dacinam. 10. Willelmo. 11. fuisset. 12. sic cum fehlt in Ar. 13. omnipotens. 14. ne maris absorti tempestate sortiamur. 15. conspiciunt pontificem. 16. Elfsonum. 17. Si periculum maris euadere et si in patriam uis sanus redire. 18. solempniter.

faciam. uel in quo die?[19] Nuntius inquit: In VI° idus decembris diem celebrabis. et praedicare ubicunque[20] poteris. quatinus ab omnibus celebretur. Et[21] quali inquit seruicio iubes uti in hoc festo? Cui ille: Omne seruicium[22] quod dicitur inquit in eius natiuitate. dicetur et in conceptione. Sic ubi natalitium in natiuitate dicitur. conceptio in hac celebritate dicetur.[23] Postquam autem talia abbas audisset.[24] uento prospero flante anglicis littoribus[25] adiungitur. Mox cuncta quae uiderat uel[26] audierat quibuscunque potuit innotuit. statuitque in [fol. 138 v.] ramesiensi ecclesia[27] cui ipse praeerat. ut hoc festum omni anno solenniter[28] VI° idus decembris celebraretur. Ipse uero quoad uixit. solenniter[29] ac deuote celebrauit. Celebratoribus huius solemnitatis diei. detur a filio ipsius uirginis pax et longa salus. et post transitum uitae aeterna requies concedatur. In qua ipse regnat in saecula. Amen.[30]

22 Eg. 141.
42 R. 120.
22 Eg. 147.
42 R. 125.
22 Eg. 154.
42 R. 126.
22 Eg. 161.
22 Eg. 165.
42 R. 134.

---

39 Cleop. C. X. fol. 138 v, **Dedication des Sonnabends.** Quomodo celebranda sint sabbata sanctae Mariae.

---

40 Cleop. C. X. fol. 141 r. **Leofric-Legende.** De quodam monacho.

---

41 Cleop. C. X. fol. 142 v. **Vision eines Priesters.** Quomodo a conspectu presbiteri daemon euanuit.

---

42 Cleop. C. X. fol. 143 v. **Rhapsodie auf die Erlösung des Theophilus.** De Theophilo brenis enarratio. Endet unvollständig nach 15 Zeilen.

Sämmtliche 4 Legenden fehlen in Arundel 346, Egerton 612 und Royal 20 B. XIV.

19. uel quo die. 20. ubique. 21. Et fehlt in Ar. 22. Omne inquit seruicium. 23. Sic ubi in natiuitate natiuitas dicitur conceptio in celebritate hac dicetur. 24. abbas talia audiuit. 25. litoribus. 26. et für uel. 27. statimque in Rameisensi ecclesia. 28. solempniter. 29. solempniter. 30. Ar. liest dafür: Celebratoribus huius solempnitatis die(?) auxilium ipsius uirginis pax et longa salus et post transitum huius uitae aeterna requies concedatur in qua ipsa uiuit cum filio suo et regnat per omnia saeculorum saecula. Amen.